Oltre le Illusioni

Alla Scoperta della Tua Vera Natura

Dan Desmarques

22 Lions

Oltre le Illusioni: Alla Scoperta della Tua Vera Natura

Scritto da Dan Desmarques

Index

Introduzione

In un mondo saturo di distrazioni e ricerche superficiali, la ricerca della felicità autentica e dell'amore per se stessi può spesso sembrare illusoria. "Oltre le illusioni: alla scoperta della tua vera natura" è un'esplorazione profonda dell'esperienza umana, che indaga le profondità delle nostre identità, la natura delle nostre relazioni e la ricerca di significato in un mondo caotico.

Attraverso una serie di capitoli introspettivi, i lettori sono invitati a intraprendere un viaggio alla scoperta di sé stessi, confrontandosi con aspetti fondamentali della loro esistenza. Dalle complessità dell'identità e della natura dell'amore al potere trasformativo dei sogni e alla ricerca della felicità, questo libro sfida la saggezza convenzionale e le norme sociali.

Con un'onestà incrollabile e una visione acuta, l'autore esplora i paradossi della natura umana e le lotte che affrontiamo nella nostra ricerca della realizzazione. Più che un libro, "Oltre le illusioni" è un invito all'azione, che incoraggia i lettori a liberarsi dalle illusioni che li imprigionano, ad abbracciare il loro vero io e a trovare significato e felicità in un mondo che spesso sembra indifferente alle loro lotte.

Se state cercando risposte alle grandi domande della vita o semplicemente una nuova prospettiva, questo libro offre un'esplorazione unica e stimolante dell'esperienza umana. Vi invita a mettere in discussione lo status quo, a sfidare le narrazioni che hanno plasmato la vostra vita e a intraprendere un viaggio di scoperta di voi stessi che, in ultima analisi, vi porterà a una comprensione più profonda della vostra vera natura.

Capitolo 1: Alla scoperta del sé

Il nostro senso di personalità è intrinsecamente legato alla nostra identità: chi siamo, come percepiamo il mondo e il significato che diamo alla nostra vita. Questa identità modella la nostra comprensione dell'esistenza e il nostro senso generale di scopo. Nel nostro viaggio attraverso la vita, incontriamo un mondo in cui i confini tra l'ordinario e lo straordinario sono sfumati e il mondano e il magico coesistono. Lungo il percorso, le nostre certezze si dissolvono, invitandoci ad apprezzare l'esistenza senza aspettative.

Coloro che osano avventurarsi oltre questo stato dell'essere, per affrontare le questioni centrali della nostra esistenza e ridefinire la nostra comprensione del mondo, sono invitati a esplorare gli aspetti più fondamentali della condizione umana. La vera conoscenza può venire solo attraverso la vera comprensione. Più ci aggrappiamo alle nostre supposizioni di fronte alla confusione, più perpetuamo le ragioni che giustificano nuove reincarnazioni. Soffriamo non per ciò che sta finendo, ma per il nostro attaccamento a cose che sapevamo sarebbero finite e che arrogantemente presumevamo non avrebbero influenzato le nostre convinzioni.

La vita è sempre stata una lotta, una battaglia costante, e il cambiamento fondamentale avviene solo quando prendiamo la decisione di smettere di accettare passivamente ciò che gli altri hanno creato e vogliono per noi e, invece, iniziamo a cercare ciò che desideriamo di più. Questa lotta può essere più difficile di quanto immaginiamo, non necessariamente a causa degli ostacoli che non riusciamo a superare, ma piuttosto a causa del numero incessante di persone che cercano di impedirci di farlo, molte delle quali pensavamo fossero dalla nostra parte e ci amassero.

Forse ci vorrà molto tempo prima che tu capisca che le persone non riescono ad amare perché non capiscono cos'è l'amore. Quando le persone affermano di amare qualcuno, stanno collegando un bisogno e un'aspettativa a quella persona. Stanno dicendo che vogliono essere specificamente validate e accettate da quella persona. Ma non sanno cosa sia l'amore; semplicemente e arrogantemente vogliono credere di saperlo, perché non vogliono confrontarsi con la loro ignoranza e il loro egoismo nel processo di sbucciare gli strati dei loro falsi sé.

Ho capito che il mondo è sempre stato una lotta per la sopravvivenza, una verità nascosta sotto la patina dell'illusione che tutti sembrano abbracciare. Ma questo stesso mondo è stato creato in questo modo a causa della mancanza di empatia e dell'assoluto egoismo di molti, nonché della loro tendenza animalesca a valorizzare il piacere piuttosto che il significato. Le persone non si preoccupano di vivere senza piacere e abbandoneranno volentieri qualsiasi cosa che non dia loro piacere. Molti lo chiamano essere socievoli e divertenti, ma io lo chiamo essere spiritualmente vuoti.

Socialmente, tutti sorridono e mostrano una facciata di felicità, ma quando sono soli, la realtà diventa molto più dura e la depressione finisce per essere un'infinita serie di demoni nelle loro teste che dicono loro quanto sono infelici. Alcuni ricorrono al suicidio, altri trovano conforto nell'alcol e molti altri soccombono alle lacrime quando le distrazioni della televisione o del cinema non riescono a fornire la fuga che tanto desiderano. Questo è un mondo di profonda follia, una verità che ho scoperto nei miei viaggi intorno al mondo.

È sciocco cercare l'amore su un pianeta dove le persone non amano nessuno, nemmeno se stesse. Invece, il rispetto e l'empatia dovrebbero essere la priorità. Non provo amore per coloro che non mi rispettano e non dimostrano empatia nei miei confronti. Sarei pazzo ad amare queste persone. E se dicono di amarmi, mentono. Se pensano di amarmi, sono pazze. Se non riescono a rispettare me e i miei punti di vista, non possono amarmi. Possono solo amare l'idealizzazione che hanno di me, l'illusione che hanno di me nella loro mente. Se smettono di amarmi, è perché non riescono più a mantenere questa illusione.

È sciocco cercare di razionalizzare le azioni dannose degli altri e poi perdonarli a causa delle loro esperienze di vita o delle loro difficoltà. Le persone hanno una scelta in ogni momento; essere cattivi è una scelta e deve essere impedito e rimosso dalla società, proprio come un ladro che, in qualche modo, chiede di essere arrestato per evitare di rubare perché non riesce a controllarsi.

Ovviamente non possiamo equiparare il furto di cibo alla minaccia alla vita di altre persone con un'arma, ma le persone capiscono la differenza? Spesso mi chiedono perché dico alle persone di dare i soldi a un ladro invece di cercare di combatterlo, come se non lo facessero già con il governo e la banca sotto forma di tasse e imposte. Le persone sono troppo inconsapevoli per rendersi conto dei molti modi in cui vengono derubate della loro ricchezza e quindi si lamentano di cose insignificanti, rischiando persino la vita per esse, mentre non rischierebbero nulla se la banca pignorasse la loro casa per mancato pagamento.

Capitolo 2: Il fardello dell'ignoranza

Il mondo è difficile perché le persone tendono a resistere al cambiamento e ad aggrapparsi alle proprie convinzioni, anche quando queste sono dannose. Cercare di aiutare gli altri offrendo consigli su come evitare la sofferenza, migliorare la salute o prevenire le malattie spesso genera risentimento, derisione e insulti. Le persone potrebbero accusarti di vari errori semplicemente per evitare di affrontare la verità che presenti. Se vuoi perdere rapidamente gli amici, inizia a offrire un aiuto efficace a tutti e ti ritroverai presto isolato.

Si dice spesso che il successo richiede l'assunzione di rischi, ma il rischio più grande e più evitato è quello di mettere gli altri a disagio presentando fatti e sfidando le loro convinzioni. Nei miei incontri con varie comunità religiose, ho assistito in prima persona alla rabbia e all'ostilità che possono sorgere quando le persone sentono minacciate le loro convinzioni. Sono stato definito cattivo e arrogante semplicemente perché possedevo una conoscenza che altri non avevano. Questa esperienza mi ha chiarito perché secoli fa in Europa così tante persone sono state perseguitate e persino bruciate sul rogo per aver letto libri proibiti.

Non c'è alcun pericolo intrinseco nel perseguire i propri sogni, a meno che non si creda di aver bisogno dell'approvazione degli altri. Il bisogno di approvazione e di conferma è direttamente proporzionale al pericolo che si può correre. Questo bisogno può avere conseguenze ben oltre ciò che si può immaginare, poiché le persone raramente dimostrano interesse nell'adempiere alle proprie responsabilità, anche quando da ciò dipende il loro sostentamento.

Molte persone credono che tutti abbiano diritto a un lavoro e a uno stipendio, indipendentemente dalla loro competenza. In generale, non capiscono lo scopo del loro lavoro o perché hanno le cose che hanno. Ho notato che un numero significativo di persone sembra non apprezzare i propri clienti, il che solleva la domanda: perché dovrei frequentare una caffetteria in cui i camerieri sono scortesi, come spesso accade in tutta Europa? E perché i dipendenti dei bar e dei supermercati in Europa meritano un lavoro se non apprezzano il proprio lavoro o i propri clienti?

Credo fermamente che l'automazione, come i distributori automatici, potrebbe aumentare i profitti di queste aziende per ovvie ragioni: le macchine non trattano i clienti in modo scortese e possono svolgere compiti ripetitivi in modo efficiente. Inoltre, perché le persone che svolgono questi lavori dovrebbero temere la morte se non danno valore alla vita?

Quando sono entrato nel mondo del lavoro, ho capito subito che il mio lavoro non era apprezzato e spesso sono stato licenziato perché troppo competente. È chiaro che le persone provano risentimento verso chi sa quello che fa, quando loro non lo sanno. Non è facile mantenere un lavoro in un mondo pieno di persone deliranti e irresponsabili. Mi sono spesso sentito come se fossi in un ospedale psichiatrico, camminando in punta di piedi intorno a pazienti con disturbi mentali, dove i rituali e le percezioni quotidiane sono più importanti del lavoro reale che giustifica lo stipendio.

Ho capito che questo paradigma esiste in tutto il mondo, tranne che nelle società che danno priorità ai risultati rispetto alla convalida sociale, il che porta a una maggiore produttività e ricchezza. Se allora avessi saputo quello che so ora, avrei seguito le linee guida e i principi che ora condivido con gli altri. Il problema è che non ho trovato nessuno che condividesse le mie stesse opinioni, e quelli che mi ascoltano di solito mi insultano e mi ignorano perché sono troppo radicati nelle loro convinzioni per vedere il valore di ciò che sto condividendo.

Se potessi tornare indietro nel tempo, direi al me stesso del passato che le persone sono generalmente mal informate e che ciò che dicono ha poco valore. È davvero meglio riporre la propria speranza nell'ignoto piuttosto che affidarsi alla mente degli arroganti, specialmente quando usano le loro interpretazioni religiose degradate e disinformate per condizionare gli altri a seguirli.

Se dobbiamo perdonare qualcuno, cominciamo da noi stessi, perché non sappiamo nulla e non riconosciamo i nostri errori quando presumiamo di sapere rispetto agli altri. In realtà, la speranza ha fatto per me più di qualsiasi altro essere umano che abbia mai conosciuto, dandomi le ali per cercare una vita migliore più rapidamente e al di là dei limiti mondani degli altri. Mi ha anche aiutato ad approfondire me stesso per scoprire chi sono.

Capitolo 3: Accettare l'incertezza

Ho osservato che le società non cambiano tanto quanto ci si potrebbe aspettare. Passano decenni e persino secoli, ma molte cose rimangono uguali, a testimonianza della caparbia resistenza delle persone al cambiamento. Le nuove generazioni riflettono spesso la pigrizia e l'ignoranza dei loro predecessori, seguendo con orgoglio le loro orme, condizionate dalle stesse false credenze trasmesse dai genitori e dai nonni. Questo continua, nonostante viviamo in un mondo che è fondamentalmente diverso da quello che ci viene raccontato.

Tuttavia, ciò per cui ho lottato così duramente di fronte a tante avversità è diventato il fondamento della mia fede nella ricerca dei miei sogni. Suggerire che il mio risultato attuale sia determinato solo dalle mie lotte è un modo semplicistico di razionalizzare la vita, poiché molti affrontano difficoltà simili e soccombono a molto meno. La verità è che sono sempre stato una persona pacifica e allegra, logorata dalla crudeltà e dall'indifferenza implacabili del mondo che mi circonda. Se le circostanze fossero state diverse, sarei tornato ad essere me stesso molto prima.

Questa consapevolezza mi ha portato a capire che il vero successo non si misura dai rischi che corriamo, ma dalla resilienza e dalla forza che dimostriamo di fronte alle avversità. È un equilibrio delicato, ma, in ultima analisi, non sono i rischi che corriamo a definirci, ma le scelte che facciamo dopo. Queste scelte sono determinate da quanto e quanto velocemente siamo in grado di imparare, perché vediamo solo quando sappiamo. Se non c'è nulla che ci aiuti in questa ricerca, dobbiamo leggere avidamente e abbondantemente.

È esattamente quello che ho fatto io: prima per conoscere me stesso, poi per capire il mondo e, infine, per creare la mia realtà, una realtà che altri ora affermano non essere reale. È ironico che, quando ti separi dalla realtà degli altri creando la tua realtà, vieni chiamato bugiardo. La tua verità diventa una bugia per coloro che hanno ceduto alle loro stesse bugie e, accettando queste stesse bugie, affermano che sono verità solo per questo motivo.

Ora capisco che la lotta non ha fine perché non c'è fine all'immensa follia e ignoranza del mondo. Possiamo solo cercare di essere preparati a questo e vivere in disparte. L'alternativa è l'illusione: fingere di amare persone che non ci amano, lottare per capire coloro che non hanno alcun interesse a capirci o a migliorare se stessi e vivere in uno stato di paura costante per nessun altro motivo se non quello di avere un'esistenza che sembra offensiva per coloro che non amano la nostra.

Molti credono che se non riescono a trovare un modo per essere accettati e amati dagli altri, non riusciranno a trovare l'amore per se stessi, ma è sempre vero il contrario. Senza questo amore, che dobbiamo imparare a coltivare dentro di noi e per noi stessi, corriamo il rischio di addormentarci nella disperazione, solo per svegliarci ogni mattina con un nuovo senso di scopo che spesso svanisce.

Ho scoperto che un grande significato emerge solo quando facciamo qualcosa che trascende noi stessi. Avere figli è un modo, ma un altro modo altrettanto importante, che solo gli altruisti possono capire, è lavorare per i non nati, condividere la saggezza con loro, anche se non ci incontreremo mai.

Il più grande artista lascia sempre che la sua arte gli sopravviva. Ma molte persone su questo pianeta sono così spinte dal desiderio di conflitto che sono lontane dal comprendere il valore di costruire una vita, cercare la conoscenza o trovare la bellezza. L'idea romanticizzata della guerra, degli ideali nazionalisti, del conflitto come impresa nobile, è intrinsecamente narcisistica e segno di una società molto malata. Presuppone che la causa di qualcuno sia così giusta, così pura, da giustificare la fine di vite umane e la distruzione di mondi.

L'unica guerra che vale la pena combattere è una guerra di conservazione. È una battaglia per difendere la nostra integrità e l'integrità di coloro che condividono le nostre credenze spirituali. È il riconoscimento che vale la pena lottare per certi valori. Le guerre di oggi si combattono nel regno della mente e dello spirito. Ma coloro che non le riconoscono non sanno di essere già morti.

Viviamo in un'epoca in cui i conflitti più potenti sono quelli di ideologie, credenze, narrazioni, in cui dobbiamo trovare la verità tra molte bugie.

Questa è una guerra per l'anima del genere umano, una lotta per definire la nostra identità collettiva e il nostro destino comune. Le armi di cui abbiamo bisogno oggi sono quelle della chiarezza, del discernimento e della determinazione, affinate e affilate da anni di osservazione, riflessione e introspezione. Esse tagliano la falsità e l'illusione, le menzogne e la follia. Non sono armi di distruzione, ma strumenti di illuminazione, che gettano luce sull'oscurità che ha messo radici nella nostra società.

Capitolo 4: Desiderio e paura

L'onestà e l'autenticità hanno il potere di cambiare il corso della storia, ispirare rivoluzioni, abbattere imperi e creare nuovi mondi. Esse plasmano la nostra percezione della realtà, la nostra comprensione del passato e la nostra visione del futuro. Questa lotta trascende opinioni, credenze ed ego. Anche se il futuro può essere incerto, con amore per noi stessi, la nostra esistenza e le nostre idee di una vita migliore, e con coraggio e convinzione, possiamo cambiare il corso della storia e creare un domani più luminoso.

Questo futuro può sfuggire alle masse che, nella loro spaventosa apatia, potrebbero non vederlo nemmeno, chiudendosi in una realtà più adatta al loro basso stato di coscienza. Infatti, non tutti operano nello stesso spettro della vita. Molte persone vedono la vita solo attraverso la lente delle proprie esperienze e reinterpretano tutto ciò che vedono in base ad esse.

Ciò significa che, sebbene tutti abbiamo accesso alle stesse informazioni, ognuno di noi le vive in modo diverso dentro di sé. Ma l'aspetto più affascinante di tutto ciò è quanto le persone si condizionino attraverso queste esperienze, poiché il cambiamento è spesso a portata di mano: basta scegliere di leggere, imparare e cercare nuove conoscenze.

Pochi raggiungono il livello di consapevolezza che li risveglia a questo necessario viaggio; invece, soccombono alle proprie convinzioni e vi si aggrappano fortemente. Niente rende questo più evidente della realtà della povertà, dove tutti hanno un cellulare e perdono tempo a guardare sciocchezze invece di istruirsi. È un paradosso interessante il fatto che i ricchi tendano a leggere di più, mentre i poveri hanno bisogno di istruzione molto più dei ricchi.

Nel vivace panorama della mia giovinezza, ero un sognatore, un avventuriero spericolato nel regno del desiderio. Ma i miei sogni venivano spesso ridicolizzati da coloro che erano limitati dalla loro stessa mancanza di comprensione. Sebbene stessi facendo la cosa giusta, spesso mi veniva detto che avevo torto da coloro che avevano intrapreso la strada sbagliata nella vita. Solo dopo aver letto molto mi sono reso conto che la realtà che stavo creando per me stesso non corrispondeva alla realtà che stavo vivendo. Ho capito allora che il viaggio della mia vita non poteva includere la realtà che conoscevo se volevo davvero realizzare quei sogni.

Alla fine, ho reso possibili molte cose, tranne quelle che ho scelto di abbandonare, una decisione che non è stata una resa, ma un riorientamento strategico e un riallineamento delle energie in base alle opportunità che ho incontrato. È davvero sciocco pensare di poter fare tutto ciò che si vuole su questo pianeta senza considerare i propri limiti, ma molti lo vedono come cinismo, semplicemente perché richiede una dose di realtà che non sono disposti ad affrontare.

Raramente veniamo giudicati per il nostro carattere, ma sempre per le cose che acquisiamo, perché la società valorizza chi vince, non chi lotta o i tratti della sua personalità. Ma il destino, l'obiettivo, è solo il culmine di un processo interno e difficile di trasformazione, una nota a piè di pagina nella grande narrazione della nostra vita. In effetti, definire la propria esistenza in termini altrui è un invito alla disperazione.

Ho iniziato a considerare le cose che gli altri considerano preziose come semplici accessori, scegliendo invece di affidarmi alle cose che sono sotto il mio controllo: ciò che so, ciò che voglio e quanto sono in grado di realizzare i miei desideri. E anche se il futuro è piuttosto incerto, lo affronto con speranza nel cuore, perché solo così la vita ha senso.

L'amore, nonostante tutto il suo fascino romantico, è un concetto effimero, difficile da quantificare e spesso frainteso. Il sesso, d'altra parte, è una forza primordiale, un istinto che sostiene la nostra esistenza. È la base su cui è costruita la nostra psiche, il motore che guida il nostro comportamento.

Sigmund Freud, per quanto controverso, lo aveva capito. Ha riconosciuto che i nostri istinti sessuali dominano il nostro inconscio, modellando i nostri desideri e le nostre motivazioni. Iniziamo la vita cercando nutrimento, il conforto del seno materno e, man mano che cresciamo, questo istinto si trasforma in un impulso alla connessione, al piacere e alla procreazione. La soddisfazione di questo impulso è una misura fondamentale del nostro benessere, che si riflette anche nel modo in cui ci muoviamo e ci comportiamo.

Alcuni idealisti proclamano la supremazia dell'amore, affermando che esso è più importante della guerra. Ma vengono fraintesi perché non osano dire la verità: che l'ideale più elevato, la forza che realmente plasma la nostra esistenza, è il sesso. È il desiderio di fondersi, di connettersi, di creare. È l'impulso che ci spinge a cercare altre persone, a formare legami, a costruire comunità.

Non si tratta di sminuire il potere dell'amore, ma di riconoscerlo come manifestazione di qualcosa di più primordiale. In realtà, l'amore ha poco a che vedere con l'attrazione che provano la maggior parte delle persone. È il sesso che ci spinge, che ci plasma, che ci rende ciò che siamo. L'unica cosa che può superare questa forza primordiale è un'energia che ci allinea con il divino sotto forma di opere d'arte edificanti.

Capitolo 5: L'illusione del controllo

Gli artisti di maggior successo trovano nella loro arte una forma di autosoddisfazione che, se non adeguatamente alimentata, può trasformarsi in dipendenza, depressione e ansia. Sotto la superficie c'è un desiderio più profondo: il desiderio di connettersi, di comunicare pensieri e sentimenti e di abbracciare la nostra collettività nel suo insieme. Quando uno spettatore o un lettore si coinvolge nel lavoro di un artista, si crea un legame, e questa connessione, questa comunione di menti, è la realizzazione finale dell'istinto dell'artista.

Si dice spesso che l'amore è la forza più grande del mondo, ma non esiste nel vuoto. Prima dell'amore c'è il sesso, l'impulso primordiale che dà all'amore il suo contesto e significato, e dopo l'amore c'è il desiderio di espressione. Il mondo, con le sue ricerche intellettuali e i suoi ideali elevati, spesso ignora questa verità fondamentale. Negare l'importanza del piacere o della connessione umana significa negare l'essenza stessa del nostro essere.

Quando ci allontaniamo dal divino, ci allontaniamo dalla nostra stessa natura, e le conseguenze si manifestano sotto forma di disperazione, spesso monetizzata da coloro che cercano di trarre profitto dal nostro isolamento e dalla nostra frustrazione nei confronti della vita. In un mondo con così tante persone sole, non c'è mai stata un'opportunità così grande per le aziende di soddisfare i bisogni che prima erano soddisfatti dal matrimonio e dalle relazioni familiari. L'ansia, la depressione, l'insicurezza e la solitudine sono ora emozioni altamente redditizie.

Vedere questa realtà non significa essere cinici, ma accettare le sfide della grande maggioranza, la maggior parte delle quali è sulla strada verso altre sfide più profonde, di natura finanziaria. La ricchezza è intrinsecamente legata al modo in cui ci sentiamo nei confronti di noi stessi. Se non ci credete, provate a sentirvi motivati e produttivi quando vi sentite soli, apatici e infelici.

L'ossessione che le persone sembrano avere per la felicità e i risultati rapidi è accompagnata da insoddisfazione e mancanza di voglia di lavorare. Le persone non vogliono sentirsi dire che devono impegnarsi di più per realizzare i propri sogni e così si profila all'orizzonte una grande dicotomia tra coloro che hanno tutto e coloro che non hanno una casa o sono vicini a non averla.

In un mondo rapidamente connesso da idee ed emozioni, coloro che riusciranno a esprimersi meglio in modo chiaro e originale guideranno gli altri nel futuro. Lo vediamo chiaramente attraverso i podcaster e gli influencer dei social media, termini che fino a poco tempo fa erano essenzialmente sconosciuti e non così diffusi. L'arte nelle sue varie forme sta seguendo questa tendenza, con pittori, musicisti e scrittori che guadagnano più soldi che mai.

Se queste cose spaventano molte persone, è solo perché sfidano la loro visione del mondo, i loro dogmi religiosi e il loro bisogno di mantenere la stessa realtà. La paura del cambiamento maschera sempre il bisogno di stagnazione, e la stagnazione, così come il dogma, è una caratteristica delle energie oscure che spesso resistono violentemente a qualsiasi innovazione positiva. Basta guardare al gran numero di scienziati innovativi con fonti di energia alternative, ma naturali, e omeopati con cure naturali per malattie altamente redditizie che vengono costantemente messi a tacere o screditati da coloro che appartengono a settori fondamentalmente corrotti per sapere che questo è vero.

L'errore più grande delle civiltà in declino è quello di confondere il divino e l'amore stesso con semplici atti fisici e risultati personali, perché senza amore questi atti e risultati sono vuoti e privi di significato. Il vero amore richiede un'armonia di mente, cuore e anima: profonda empatia, comprensione e accettazione reciproca.

Storicamente, l'idea che l'intimità fosse un'estensione dell'impegno aveva senso perché era indissolubilmente legata a possibili conseguenze e responsabilità. Con il tempo, le persone capiranno che gli oggetti dei loro desideri non sono importanti quanto i sentimenti che bramano. Solo allora comprenderanno veramente l'amore e la felicità, non come emozioni passeggere o merci, ma come uno stato duraturo dell'essere che rafforza l'anima. Apprezzeranno la bellezza, non come una moda passeggera, ma come una manifestazione di ciò che eleva e ispira.

Senza amore e felicità, il mondo può davvero sembrare un luogo triste. Ma molto spesso le persone cercano di colmare il vuoto interiore dedicando il loro tempo a carriere rispettabili, nella speranza di ottenere l'approvazione della società. Tuttavia, questa consapevolezza arriva spesso troppo tardi, dopo che lo status è già stato perso e non hanno più l'energia, la conoscenza o l'adattabilità per cambiare strada. Si ritrovano attrezzati per un mondo che non esiste più.

In questo modo, il rifiuto, la frustrazione e il fallimento precoci possono essere una benedizione, portandoci più rapidamente alla vita che desideriamo veramente, come se l'universo ci stesse guidando verso il nostro destino. Queste esperienze possono fungere da catalizzatori per la crescita, portandoci ad affrontare le nostre paure e ad accettare l'incertezza che deriva dalla ricerca dei nostri sogni. Accettando che il controllo è spesso un'illusione, possiamo trovare il coraggio di lasciarci andare e affidarci al viaggio, sapendo che ogni passo ci avvicina al nostro vero io.

Capitolo 6: L'alchimia della connessione

La preghiera e i sogni sono il riconoscimento che non abbiamo tutte le risposte. È arrogante presumere di conoscere la strada per i nostri sogni quando chiediamo aiuto. La preghiera richiede abbandono e fede che i passi sconosciuti che ci attendono ci porteranno dove vogliamo andare. Non possiamo controllare il viaggio; possiamo solo determinare la destinazione.

Per molti anni ho creduto che la mia capacità di raggiungere gli obiettivi mi rendesse inarrestabile. Non sono riuscito ad allineare le mie aspirazioni con il mio vero io e ho cercato conferme e approvazioni esterne. Dopo diversi lavori insoddisfacenti, ho capito che avevo bisogno di creare una carriera significativa. Credo fermamente che il senso della vita risieda nella ricerca dei nostri desideri creativi e spirituali. Vivere solo per ottenere il rispetto degli altri significa vivere una vita vuota.

La contemplazione della morte mette in luce questo aspetto: nessuno è così importante da non essere dimenticato. Pertanto, è saggio creare una vita significativa invece di sprecarla alla ricerca di approvazione sociale. Le azioni che vanno contro il nostro spirito di dare priorità all'approvazione e al piacere possono essere considerate autoinganno. Qualsiasi insegnamento che neghi la nostra consapevolezza di questa verità è errato.

La vera conoscenza spirituale ci guida a diventare individui migliori, non schiavi di dogmi. Molti lottano contro l'inadeguatezza e il distacco perché non hanno questa comprensione. Sognano altre vite, senza rendersi conto che le risposte sono dentro di loro, accessibili attraverso l'autoriflessione e l'esplorazione spirituale. Attraverso la fede e la conoscenza di sé, possiamo creare una vita significativa e piena di scopo.

Amo la vita che ho e preferisco amare la mia vita piuttosto che avere il rispetto delle persone per una vita che non mi soddisfa. Questo dovrebbe essere il motto di tutti, ma pochi hanno la capacità di comprendere il significato di scelta o libertà. La domanda tipica che mi viene posta quando visito un nuovo paese è: "Perché sei qui?" Come se la nostra decisione dipendesse sempre da qualche risultato casuale ed esterno, al di fuori di noi stessi, come se non avessimo la capacità di essere autonomi e scegliere il corso del nostro destino. Le persone fanno questa domanda perché non riescono a immaginare nessun'altra possibilità.

Quando rispondo che ho scelto di stare in un paese senza alcun motivo specifico, rimangono confuse, come se ciò non fosse possibile. Alcune ripetono con rabbia che devo avere un motivo, perché nessuno viaggia senza un motivo. Sono così immerse nella loro follia che preferiscono lottare per proteggerla piuttosto che imparare qualcosa di nuovo sui propri limiti.

Da bambino, quando la vita non aveva molto senso per me, cercavo delle ragioni, e certamente non le trovavo negli altri. Ma quando il desiderio di morte arriva rapidamente e inaspettatamente, porta con sé una tempesta di cambiamenti, un vortice che spazza via ciò che è familiare e lascia dietro di sé un paesaggio alterato in modi imprevedibili. Non c'è da stupirsi, quindi, che molti di coloro che hanno abbracciato le loro frustrazioni siano diventati artisti, impugnando i loro pennelli e le loro penne come armi contro l'oscurità che avanza. È come se ciò che ci permette di fuggire dal mondo ci desse anche uno scopo più profondo per continuare a viverci.

Nel mio percorso personale, mi sono immerso nella lettura di molte fonti spirituali, sia ritualistiche che empiriche, dogmatiche e occulte nei loro fondamenti, e da queste fonti disparate ho accumulato una ricchezza di conoscenze che mi ha guidato attraverso il labirinto della vita e le menzogne in cui molti ancora credono. Eppure, nonostante la profondità e l'ampiezza del mio apprendimento, mi trovo su un altopiano, un deserto arido dove i venti della disperazione ululano incessantemente. Questo perché le masse insistono nelle loro menzogne collettive, rifiutandosi con arroganza di imparare e cambiare o di rispettare coloro che hanno scelto una strada diversa. Le masse non simpatizzano con la libertà e la ribellione del pensiero indipendente e lo dimostrano con il loro disprezzo, la loro mancanza di rispetto e il loro rifiuto verso coloro che cercano questa strada. Ecco perché la verità ci isola inevitabilmente.

Questa agonia che corrode il nostro essere limita la nostra capacità di apprezzare tutto ciò che abbiamo, anche se so bene che non avrei nulla di tutto ciò se avessi seguito le strade immaginate dagli altri. È una cosa strana, questo vuoto che riempie il vuoto lasciato dai nostri sogni quando vengono realizzati, ma in questo mondo è il prezzo da pagare per una maggiore comprensione e conoscenza dei misteri della vita. Forse è per questo che coloro che sapevano più della media apprezzavano di più la compagnia di un gatto o di un cane piuttosto che quella di un essere umano.

Capitolo 7: Il paradosso dell'amore

Il mondo, in tutta la sua gloria e disperazione, è una tela su cui dipingiamo la nostra realtà. Navighiamo su questa tela con consapevolezza, concentrandoci su ciò che è veramente importante e, allo stesso tempo, attenti a ciò che è semplicemente degradante. È attraverso l'umile sottomissione alla nostra fede che liberiamo il potere di plasmare la nostra realtà, indipendentemente dallo scetticismo degli altri.

Ho compiuto innumerevoli imprese che gli altri consideravano impossibili, quindi spesso rimango perplesso dai loro tentativi di ostacolarmi, ma forse è nella natura umana resistere a ciò che non comprendiamo. Coloro che affermano di essere illuminati spesso rivelano il loro lato oscuro quando vengono sfidati. La mia esperienza con le organizzazioni religiose mi ha mostrato la bruttezza che può nascondersi sotto la superficie, e ho imparato che non posso raggiungere i loro membri senza affrontare la loro ostilità. Non importa quale prova venga presentata, uno sciocco la scarterà come fantasia, credendo che la propria prospettiva limitata sia la verità suprema.

È stata una rivelazione rendersi conto che questi sciocchi sono ovunque, ognuno fingendo di sapere più di quanto sappia. Ridono di ciò che so, rivelando la loro ignoranza. È come vedere un ubriaco che si diverte con la propria miseria, ignaro del tempo e della coscienza che ha perso. Ma possiamo sentirci offesi da coloro che sanno meno e ci insultano perché sappiamo di più?

Pochi capiscono che il potere di plasmare la nostra realtà non è nelle mani di qualche divinità lontana, ma nel nostro cuore, nella nostra mente e nella nostra anima. Ogni volta che negano questa verità, perpetuano la loro ignoranza. Ho capito che è nell'atto di sognare - un processo spesso scartato dalle masse come inutile - che sviluppiamo i percorsi neurologici necessari alla nostra trasformazione. Questa idealizzazione del sé è il nostro vero io, perché non esiste un io più elevato di quello che stiamo cercando di diventare.

Svegliarmi con la vista dell'oceano in paesi che un giorno ho sognato di visitare è stato surreale, ma non riesco a spiegarlo a coloro che non credono nel potere dei sogni di diventare realtà, specialmente a coloro che presumono di poter replicare la mia vita seguendo una semplice formula. Tutti quelli che conosco mi chiedono come vendo i miei libri, come se questa fosse la chiave per vivere la stessa vita. Ignorano la mia formazione, le conoscenze che ho accumulato, la saggezza che condivido nei miei libri e i diversi campi in cui ho lavorato, dall'amministrazione aziendale all'insegnamento in prestigiose università. La loro arroganza è assoluta quanto la loro ignoranza e mancanza di rispetto. Mi riducono a una supposizione semplicistica, come se avessi trovato una soluzione magica mentre camminavo per strada.

Le uniche persone veramente sane che ho conosciuto sono quelle che lavorano più di chiunque altro, quelle che hanno costruito e ricostruito la propria attività e, soprattutto, quelle che hanno fallito e hanno ricominciato da capo in un altro campo. In altre parole, solo i poliedrici possono capire un altro poliedrico. Queste persone sono più interessate a conoscermi come persona. Questa è la differenza più grande tra le masse e le rare eccezioni tra loro. Gli sciocchi mi fanno domande sciocche mentre cercano le risposte sbagliate, e i saggi mi offrono caffè e la loro amicizia mentre espandono umilmente la loro consapevolezza della realtà.

La maggioranza non è sinonimo di buon senso, e la somma di molti zeri rimane zero. È più saggio cercare guida nei nostri cuori e nelle pagine di coloro che hanno condiviso la loro saggezza piuttosto che chiedere agli sciocchi di partecipare alla formazione delle nostre vite e indirizzarle verso gli stessi risultati che hanno ottenuto loro. Ma le persone sono anche così egocentriche che si irritano quando ignoro le loro opinioni, incapaci di accettare la propria inutilità e l'assurdità delle loro parole. Non sono consapevoli della loro inconsapevolezza. Ecco perché le persone affermano di amare gli altri, ma lo fanno con condizioni e aspettative.

Il vero amore è incondizionato e altruista. Non si tratta di ciò che possiamo ottenere dagli altri, ma di ciò che possiamo dare. Si tratta di vedere il meglio nelle persone, anche quando loro non riescono a vederlo in se stesse. L'amore è la forza che ci spinge a connetterci con gli altri, ma è anche l'emozione che ci rende vulnerabili, aperti al dolore e alla sofferenza. Per abbracciare veramente l'amore, dobbiamo essere disposti a dare, anche quando sappiamo che forse non riceveremo nulla in cambio. Perché è in questo atto di dare, in questo atto di amare, che troviamo il nostro vero io e il nostro vero scopo. Dobbiamo quindi abbracciare il paradosso e la vita che ci sta davanti. Ma prima di tutto, amiamo noi stessi, perché amare gli stolti è invitare al fallimento.

Capitolo 8: Sogni e realtà

La stragrande maggioranza delle persone non ha autocoscienza e non riesce a vedere la propria ignoranza, che è essenzialmente ciò che è l'ignoranza. La vera intelligenza inizia quando una persona è in grado di riconoscere e correggere i propri errori. Fino ad allora, la persona rimane inconsapevole della propria inconsapevolezza, troppo inconsapevole per rendersi conto della portata dei propri limiti. Ma come puoi trovare risposte reali se credi che le risposte che cerchi debbano essere in linea con le tue nozioni preconcette?

C'è più saggezza nell'esplorare la nostra ignoranza, come un bambino che sta imparando a usare un nuovo giocattolo, in questo caso la nostra mente. È questa capacità metafisica di esternalizzazione, che i bambini usano naturalmente quando assumono la personalità dei loro giocattoli, che ci permette di guardare noi stessi in modo obiettivo e identificare le aree che necessitano di cambiamenti e miglioramenti.

Il cambiamento precede sempre il successo; solo gli ignoranti si rifiutano di cambiare. Questo principio ha trasformato la mia esistenza in un forte contrasto con la vita che conoscevo. Sono passato dal lavorare 14 ore al giorno, dal lunedì alla domenica, in diversi lavori, al non lavorare affatto, tranne quando voglio scrivere un nuovo libro. Tuttavia, ora guadagno molto più denaro di quanto abbia mai guadagnato con tutti quei lavori simultanei, e molto più di quanto avrei mai sognato fosse possibile.

La realizzazione dei miei sogni è venuta da un investimento costante e travolgente nel lavorare oltre i miei risultati, non per i miei risultati. La differenza stava nella direzione e nei valori che seguivo. Ecco perché posso facilmente ignorare ciò che dicono tutti, perché so di avere ragione e che loro hanno torto. Ma loro pensano che io sia arrogante per pensare in questo modo, come se essere d'accordo con la loro ignoranza mi rendesse una persona migliore.

È così che gli sciocchi cercano di manipolare i tuoi pensieri e cambiarti, usando il senso di colpa, il giudizio e la punizione come risposta. Incarnano davvero l'arroganza nella sua forma migliore. Ma non c'è niente di più arrogante di qualcuno che si considera l'incarnazione dei valori divini ed è disposto a distruggere la tua vita a causa delle sue convinzioni. Possiamo essere grati che non ci arrestino, ci torturino e ci brucino vivi per aver dissentito da loro, perché sicuramente irradiano questa energia e questa intenzione oscura.

Il minuscolo appartamento dove riposavo la testa è ormai un lontano ricordo, e la stanchezza che caratterizzava le mie giornate, i pasti lasciati bruciare mentre soccombevo alla fatica, sono ormai echi di un passato che sembra quasi irreale. Per qualcuno che non ha mai preso ferie o si è avventurato oltre i confini del proprio Paese, questa trasformazione è monumentale. Eppure, con il grande successo arriva un grande costo emotivo, specialmente quando ti rendi conto che le persone ti odiano più per i tuoi successi che quando ti disprezzavano perché non ne avevi e lottavi per sopravvivere.

Questo tipo di invidia e risentimento mi ha davvero scioccato, proprio perché non sono mai stato aiutato in altro modo se non ignorato, anche quando ho affrontato la disoccupazione e la mancanza di una casa. Non avrei mai potuto immaginare che i miei amici e la mia famiglia fossero così determinati a vedermi fallire. Ma questo scenario spiega anche le mie difficoltà, perché quando ho iniziato a fare le mie scelte, la mia vita si è allineata perfettamente con quello che doveva essere il mio destino.

È incredibile quanto gli altri cercheranno di impedirti di farlo basandosi solo sulle loro supposizioni negative, ma bisogna percorrere una lunga strada per rendersene conto, e pochi osano andare oltre i limiti della loro zona di comfort. Ho provato l'amaro sapore della frustrazione che accompagna la realizzazione dei sogni, perché è incredibile godersi un posto bellissimo per se stessi mentre gli altri ti odiano per questo.

La realizzazione dei miei sogni, il raggiungimento di tutto ciò che avevo desiderato, non è stato il culmine che mi aspettavo, ma l'inizio di un percorso nuovo e inaspettato. All'improvviso ho capito perché così tante persone che raggiungono l'apice del successo finiscono per tacere e provare un tipo di gioia che non può essere espressa a parole o condivisa adeguatamente. Ho capito che le persone di solito tornano nella nostra vita solo quando vogliono qualcosa da noi. È un risultato triste da osservare, specialmente quando proviene da persone che hai rispettato.

Siamo portati a credere che la nostra vita sia importante, che valga la pena perseguire i nostri sogni, solo per essere confrontati con la dura realtà della nostra insignificanza e dell'ossessione degli altri di impedirci di farlo. Le nostre vite sono importanti, sì, ma solo nella misura in cui diamo loro un significato e impariamo ad amare noi stessi, cercando una forma di indipendenza che infuria e sfida le supposizioni degli altri.

Il percorso dal sogno alla realtà richiede che affrontiamo la nostra ignoranza, accettiamo il cambiamento e restiamo saldi di fronte alle critiche e all'invidia. È un percorso che, in ultima analisi, ci porta a una comprensione più profonda di noi stessi e del mondo che ci circonda. Ed è un percorso che, nonostante le sue sfide, vale la pena intraprendere perché è l'unica strada verso la vera realizzazione e felicità.

Capitolo 9: Il prezzo del successo

Molte persone che conosco in tutto il mondo mi chiedono ancora quando intendo trovare un "vero lavoro", come se si aspettassero che fallissi e, in qualche modo, insinuassero che la loro vita è migliore della mia. In realtà lo dicono perché non riescono a convivere con la consapevolezza che io desideri che abbiano, poiché penso in modo diverso da loro. Accettare che abbiamo fallito a causa del nostro modo di pensare è una realtà dolorosa che molti non riescono ad affrontare e ad accettare. Eppure, essi non sono altro che il prodotto delle loro scelte e potrebbero vivere una vita diversa se lo volessero.

L'ultima volta che ho parlato con mia sorella, ha insinuato che ero una persona crudele per aver lasciato il Paese per lavorare in un altro continente. Quando l'ho confrontata con il fatto che lei aveva ricevuto tutto, dallo studio in un'università privata a un posto dove dormire, mentre io ero stato espulso e avevo dovuto dormire per strada, e che, nonostante tutto questo, stavo risolvendo i miei problemi da solo e lei era la benvenuta a raggiungermi nel mio nuovo appartamento e nel mio nuovo Paese, se n'è andata arrabbiata e in lacrime.

È incredibile come le persone reagiscano con rabbia alla verità e vogliano comunque farti sentire in colpa per il loro egoismo. I miei due più grandi errori nella vita sono stati aspettarmi che le persone cambiassero e aspettarmi da loro più di quanto mi mostrassero. Ho dovuto perdere 20 anni della mia vita per capire quanto fosse sbagliata la mia supposizione. Tuttavia, la morte, il grande equalizzatore, attende tutti noi, un ricordo beffardo della futilità dei nostri sforzi per compiacere gli altri e sprecare la nostra esistenza in un comfort illusorio solo per evitare confronti e discussioni.

Ogni volta che cercavo di mettere in discussione le mie intenzioni nei confronti di me stesso, la malattia mi ricordava che la mia esistenza poteva finire in qualsiasi momento. Allora perché non morire come personalità e come membro della società prima di perdere questo corpo? Oggi ho conquistato abbastanza da non temere la morte, ma questa accettazione dell'inevitabilità della mia fine mi ha anche fatto apprezzare di più la vita e, di conseguenza, essere più appassionato, ambizioso e laborioso. Ma poiché la maggior parte delle persone è guidata da forze opposte, non capiscono perché io sia così. Amo lavorare perché amo ciò che faccio, che sia leggere, fare ricerche o semplicemente condividere con il mondo conoscenze che mi sopravviveranno e aiuteranno molte persone. Ho un impulso altruistico ed empatico a non volere che altre persone soffrano come ho sofferto io, ma che trovino le mie informazioni per aiutarsi.

Sono molto più ambizioso di prima perché ho imparato ad apprezzare la libertà e so che più soldi avrò, più velocemente potrò fare ciò che voglio e meno restrizioni mi imporrà la società. In molti paesi non è possibile ottenere un visto, una bella camera d'albergo con una grande piscina e un biglietto aereo che ti porterà ad attraversare i continenti con la mentalità di un contadino e la prospettiva di scarsità di uno schiavo dalle 9 alle 5 con solo due settimane di ferie all'anno.

Sono più appassionato di ciò che faccio perché amo la mia vita e ciò che sto vivendo. Invece di soccombere a norme, narrazioni culturali e credenze illusorie, faccio le valigie e me ne vado quando non mi piacciono le persone che incontro e mi disgustano con i loro atteggiamenti. Questo è un lusso che molti non hanno, quindi sostituiscono il loro svantaggio con la necessità di tolleranza, pazienza e pensiero positivo. Queste idee, e molte altre simili, sono state create per soddisfare i deboli e i poveri perché non possono combattere il sistema in cui sono inseriti.

Lo stesso accade quando i cristiani dicono che è meglio essere poveri che ricchi, perché loro stessi non hanno idea di come acquisire ricchezza, se non saccheggiando le risorse di altre nazioni e il loro oro, come il Vaticano e gli europei hanno fatto in tutto il mondo per duemila anni in nome dei valori cristiani. È un popolo stupido su larga scala, che promuove idee stupide. Ma poiché trovano conforto nel gregge, come una comune pecora o mucca, pensano che chiunque non si conformi debba essere un lupo, un pericolo per la società.

Non c'è niente di più demoniaco dell'imposizione di dogmi che sono fondamentalmente falsi e portano alla miseria, ed è per questo che il cristianesimo è una religione perversa e molto malvagia. Il cristianesimo affascina i suoi membri con la stessa maschera che il narcisista usa per manipolare le vittime, e non c'è da stupirsi che ne sia pieno. In realtà, gran parte del mio apprendimento è consistito nell'eliminare il parassita cristiano da dentro di me. Solo allora sono stato libero di comprendere la verità e solo allora ho davvero compreso Dio. Tuttavia, non potevo fare a meno di rimanere stupito ogni volta che vedevo un cristiano con intenzioni narcisistiche pregare Dio, perché mi chiedevo davvero come si sentisse nel suo cuore, senza sapere che stava pregando il suo demone interiore. Non c'è davvero alcuna differenza tra l'ateo narcisista e il cristiano narcisista, tranne che uno pensa che la sua mente stia creando pensieri casuali da masticare, come una mucca che mastica l'erba, e l'altro pensa di parlare con gli angeli.

Capitolo 10: Il miraggio della vita

Il prezzo del successo è alto e spesso è accompagnato da un profondo senso di isolamento e incomprensione da parte di coloro che non vogliono o non riescono a vedere il mondo per quello che è realmente. Ciò richiede una ricerca incessante della vita. Questo atteggiamento richiede una ricerca incessante della verità, la disponibilità a confrontarsi con la propria ignoranza e il coraggio di affrontare le narrazioni e i dogmi predominanti che cercano di controllare e manipolare. Il successo nella sua forma più vera non ha a che fare con la ricchezza o lo status, ma con la libertà di vivere la vita secondo i propri termini, di perseguire le proprie passioni e di avere un impatto significativo sul mondo. È un viaggio che richiede sacrificio e un impegno incrollabile nei confronti dei propri valori e delle proprie convinzioni. Ed è un viaggio che, nonostante le sue sfide, vale ogni singolo passo.

Non dobbiamo nulla a nessuno in questa esistenza, se non a noi stessi, e se non riusciamo ad amarci e a trovare una vita che ci faccia rispettare la nostra stessa esistenza, avremo fallito con noi stessi. Nessuno ci giudicherà per questo, tranne noi stessi, e ce ne ricorderemo ogni mattina quando ci sveglieremo. In realtà, è stato solo quando ho letto le scritture indù che ho capito il significato di arrendersi a un potere superiore, perché non si tratta di cercare regole e rituali, ma di trovare il nostro vero io dentro di noi.

Fino ad allora, mi stavo ancora limitando ai miei successi e non stavo cercando oltre quel regno di possibilità. Non stavo nemmeno lavorando per Dio, ma per l'approvazione di persone che non si curavano dei miei risultati, ma solo di ciò che rappresentavo per loro. Mi ci è voluto del tempo per capirlo, e solo allora sono riuscito a cambiare il contenuto dei miei pensieri e a diventare più fluido nella vita, pianificando meno, presumendo meno sui problemi che affrontavo e permettendomi di esplorare l'ignoto, quel grande vuoto che molti evitano.

È un paradosso il fatto che più cerchi ciò che eviti, più velocemente comprendi te stesso ed elimini la fonte delle tue barriere mentali. Le nostre esperienze più difficili spesso nascondono lezioni profonde sotto le loro superfici impegnative. Una di queste lezioni è la liberatoria consapevolezza che non siamo eternamente legati a luoghi o persone che non risuonano nella nostra anima; abbiamo il potere di tracciare il nostro percorso in questo mondo.

Coloro che criticano le mie osservazioni sincere spesso non hanno la libertà che deriva dai lunghi viaggi o il coraggio di parlare apertamente delle proprie esperienze. È importante capire che il concetto di "cultura" a volte può fungere da maschera, nascondendo un accordo collettivo su valori fallimentari: una democrazia di menti mediocri che promuove un orgoglio nazionale resistente alle critiche e ai cambiamenti.

Viaggiando per il mondo, ho incontrato culture che, sebbene ricche di storia e tradizione, mi hanno lasciato un senso di delusione. Ho incontrato individui che incarnavano costantemente tratti di maleducazione, inganno e mancanza di rispetto. Ci sono sempre state delle eccezioni, ma non hanno cambiato il quadro generale delle mie esperienze. Il razzismo, ad esempio, è un sottoprodotto dell'ignoranza e della mancanza di autocoscienza. È tanto assurdo quanto tragico quando persone che possiedono caratteristiche fisiche dei gruppi che disprezzano - come greci, spagnoli e croati che assomigliano agli arabi del Nord Africa - affermano di odiare i musulmani perché presumono che tutti i musulmani non siano bianchi e che loro stessi non siano mulatti. Questa illusione di superiorità non solo è infondata, ma anche profondamente dannosa, creando divisioni dove invece dovrebbe esserci unità.

Un'altra delle illusioni più dolorose della vita è la convinzione che i nostri amici e familiari sosterranno incondizionatamente i nostri cambiamenti e le nostre avventure. La verità spesso rivela una tendenza all'invidia e alla competizione. Questa percezione è una pillola amara da mandare giù, ma è essenziale per la crescita personale. La saggezza e l'inganno sono compagni costanti nel nostro viaggio spirituale, e dobbiamo imparare a convivere con entrambi, riconoscendo che il percorso verso l'Ascensione è pieno di tradimenti, bugie e manipolazioni.

Le persone possono implorare aiuto quando sono nel bisogno, ma disprezzarti quando chiedi qualcosa in cambio. Possono chiedere soldi, ma rifiutarsi di offrire una ciotola di riso o un posto dove riposare. La vera povertà, tuttavia, non è la mancanza di beni materiali; è la mancanza di gentilezza, rispetto, verità e decenza umana di base. Alcune delle persone più miserabili che ho incontrato sono state anche alcune delle più offensive, riempiendo i loro cuori di odio verso coloro che hanno di più, creando un ciclo tossico di negatività. Aiutare queste persone può portare cattivo karma nella nostra vita perché viola le leggi divine.

Il nostro aiuto è meglio riservarlo a coloro che ne hanno davvero bisogno: i disabili, i malati, gli anziani, i bambini innocenti e coloro che sono essi stessi aiutanti. Aiutando coloro che meritano davvero il nostro aiuto, coltiviamo un mondo che non solo è più compassionevole, ma anche più spiritualmente allineato.

Capitolo 11: I veli della realtà

È importante mantenere un equilibrio tra apertura e cautela, comprensione e discernimento. Non dobbiamo permettere che le sorprese spiacevoli ci induriscano, né che quelle piacevoli ci rendano ingenui. Dobbiamo invece sforzarci di imparare da ogni esperienza, crescere con ogni sfida e affinare continuamente il nostro percorso verso l'Ascensione. Ogni passo che facciamo, ogni scelta che prendiamo, è una pennellata sulla tela della nostra esistenza. Noi siamo gli artisti, ed è in nostro potere creare una vita di bellezza, significato e verità.

Il miraggio della vita, con i suoi paesaggi in continuo cambiamento e le sue figure illusorie, può essere confuso. Tuttavia, è anche un invito a guardare più in profondità, a cercare la comprensione e a forgiare un percorso che sia autentico e vero. Il potere di creare una vita di profonda gioia e scopo non è nelle mani del destino o della fortuna, ma nei nostri cuori e nelle nostre menti. Abbracciando questa verità, possiamo trascendere le illusioni che ci imprigionano e trovare la libertà di vivere una vita che sia veramente in sintonia con la nostra anima.

Lungo il percorso, alcune persone ti disprezzeranno perché hai ciò che loro non hanno e ignoreranno lo sforzo che hai fatto per ottenerlo. Altri ti odieranno perché non hai bisogno di loro per realizzare cose che loro non riescono a fare. Alcuni ti odieranno perché non li aiuti quando non hanno fatto nulla per meritarselo. Altri continueranno a fingere di essere qualcuno che non sono, sprecando anni della loro vita prima che tu riesca a vedere la verità nei loro cuori. Ma forse proprio perché lo capisco così bene, spesso vedo gli altri meglio dei loro stessi familiari.

Ad esempio, una volta ho conosciuto una donna filippina la cui madre ho descritto come spregevole, una donna che non amava veramente sua figlia. All'inizio la figlia non era d'accordo, ma mesi dopo ha confessato che sua madre l'aveva definita una prostituta inutile perché frequentava uno straniero e non mandava soldi alla famiglia. Quella madre vedeva sua figlia come una merce, un mezzo per finanziare la miseria della famiglia. Ironia della sorte, essere una "prostituta inutile" in quel contesto significava sottomettersi ai desideri della madre, cosa che lei fece per senso di colpa.

La vera povertà dei filippini non è finanziaria, ma spirituale; vivono in una terra di opportunità eppure scelgono di mangiare spazzatura e cibo per cani. Se volete vedere la miseria, andate nelle Filippine. È una delle culture più miserabili del mondo, afflitta dalla corruzione e con il cibo peggiore dell'Asia. I funzionari governativi sono corrotti e chiedono soldi per fare il loro lavoro, come se pagare per lasciare il Paese non fosse già abbastanza grave. Che motivo ha qualcuno di visitare questa cultura decadente di miseria, corruzione e disperazione?

I filippini mi chiedono spesso se credo nei zombie, come se non fossero la seconda opzione migliore. Un altro livello al di sotto della loro attuale povertà è il cannibalismo. E anche se non ho visto tutto il mondo per trarre conclusioni definitive su qualsiasi nazione, non ho mai incontrato una sola persona che avesse bisogno di soldi e volesse lavorare. Molti pensano di dover ricevere soldi solo a causa della loro mentalità ignorante e comunista.

Un altro filippino ha ammesso che la sua famiglia gli ha chiesto di condividere la sua ricchezza con loro per nessun altro motivo se non il fatto che lui ne aveva di più. Si è arrabbiato perché ha lavorato duramente per ottenere ciò che aveva, leggendo persino tutti i miei libri quando non aveva molto da mangiare e la sua famiglia gli diceva di non farlo. Ma non puoi rispettare le persone che cercano di impedirti di fare qualcosa e poi vogliono una parte dei tuoi risultati. Ha risolto la situazione trasferendosi in un'altra città, lontano da loro, ed evitando conversazioni scomode disattivando la comunicazione online. Tuttavia, le persone si offendono quando dici loro che i tuoi risultati derivano dal duro lavoro, perché non è la risposta che vogliono sentire. Ma perché dovrebbero meritare più dello stesso disprezzo che dimostrano per gli altri?

Se non ho mai incontrato una persona che abbia chiesto aiuto, ma che voglia lavorare, devo dire che certe scelte karmiche consapevoli portano alla miseria. Più che il karma, è la causa diretta dell'egoismo che porta le persone alla miseria. Ad esempio, una volta ho dato dei soldi a un americano povero in Macedonia e, dopo avergli dato abbastanza per un pasto, mi ha detto con arroganza che non era molto e mi ha ridicolizzato. Mi sono pentito di averlo aiutato perché un'anima così decadente non merita nulla.

È anche affascinante il fatto che alcune persone si ricordino di noi solo quando sono disoccupate e poi ci ignorino quando si rendono conto che non diamo loro ciò che vogliono. Dimostrano di non aver cambiato la loro natura nonostante le lezioni della vita e ci mostrano che non meritano perdono, anche nei loro momenti peggiori. E ci sono situazioni che vanno oltre la mia comprensione, come quando ho aiutato un padre di due bambini piccoli a trovare un lavoro affinché la sua famiglia potesse avere un posto dove vivere. Dopo aver ottenuto il lavoro, ha affermato di aver solo finto di essere mio amico per ottenerlo. L'ho aiutato con la bontà del mio cuore per garantire che i suoi figli avessero da mangiare, ma sono rimasto profondamente deluso dalla sua esistenza. Persino i suoi figli apprezzavano di più i tanti regali che facevo loro.

Capitolo 12: Lo specchio dell'autoriflessione

Le illusioni dell'esistenza spesso oscurano la vera natura delle persone e del mondo che ci circonda. Attraverso il discernimento e la volontà di guardare oltre la superficie, possiamo iniziare a comprendere la complessità del comportamento umano e le motivazioni che ci muovono. Riconoscendo le illusioni che offuscano il nostro giudizio, possiamo fare scelte più consapevoli e affrontare le sfide della vita con maggiore chiarezza e saggezza.

Siamo definiti dalle scelte che facciamo, ma senza la giusta conoscenza può richiedere molto tempo trovare la strada giusta nella vita. Per molto tempo, riuscivo solo a contemplare la possibilità di ciò che sembrava logicamente impossibile. Ero frustrato e depresso, ma non c'era nulla che potessi fare se non lavorare di più. Nessuno mi avrebbe aiutato a uscire da quella situazione, anche se avesse potuto. Alle persone piace la loro superiorità e quindi non amano aiutare gli altri.

La grande illusione che mi ha imprigionato è stata quella che i miei amici e familiari volessero vedermi avere successo, e non rimanere al di sotto di loro e lottare per la sopravvivenza mentre loro ottenevano di più. Anche quando chiedevo loro di condividere le loro esperienze in altri paesi, non lo facevano, come se condividere la loro felicità con me potesse in qualche modo privarli del loro senso di superiorità nei miei confronti.

Mi ci è voluto molto tempo per capire che l'illusione fondamentale della vita proviene da coloro che consideriamo amici e familiari, ma che nascondono dentro di sé i semi dell'invidia e della competizione, anche quando li aiutiamo a diventare versioni migliori di se stessi. Questa esperienza mi ricorda una persona famosa che ha detto di aver imparato molto dai miei libri e di essersi arricchita con le informazioni, ma ha creato un gruppo di mastermind per condividere le mie intuizioni con i suoi seguaci come se fossero sue. Sa cosa sta facendo, ma ama la fama e le bugie che condivide, nonostante tutta l'aiuto che ha ricevuto. È davvero disgustoso vedere qualcuno usare le risposte che lo hanno salvato per diventare una persona peggiore, ma lo vedo continuamente.

L'unica soluzione per evitare queste persone è non condividere nulla e mantenere il mondo intero nell'ignoranza. Ma non sempre abbiamo questa opzione, a meno che non vogliamo creare una società segreta attorno alla conoscenza. E anche in questi casi, come ho scoperto, i serpenti trovano sempre un modo per entrare e poi espellere coloro che dovrebbero avere accesso alle informazioni.

La saggezza è sempre compagna dell'illusione nel percorso verso la nostra ascesa, e dobbiamo convivere con entrambi questi stati mentali se vogliamo continuare questo viaggio in un mondo moralmente decadente, incline al tradimento, alla menzogna e alla manipolazione. Le persone implorano aiuto quando ne hanno bisogno, ma ti disprezzano quando chiedi qualcosa in cambio, anche se si tratta solo di un posto dove dormire la notte, anche se non chiedi altro che il pavimento del salotto e una coperta. Chiedono soldi, ma non ti danno una ciotola di riso o un pezzo di pane. Non danno nulla, ma chiedono tutto, ed è per questo che credo che la vera povertà non sia non avere abbastanza da mangiare, ma non condividere.

Le persone più infelici che ho incontrato nella mia vita sono state anche alcune delle persone più offensive che abbia mai conosciuto, e nessuno merita la propria infelicità più di coloro che la incarnano. Se riempi il tuo cuore di odio per coloro che hanno di più, come puoi aspettarti di ottenere aiuto dalle persone che costantemente risenti e maltratti? Non ho mai avuto voglia di condividere nulla con coloro che mi mancano di rispetto. Lascio che pensino quello che vogliono di me perché la loro opinione non ha davvero importanza. Se qualcuno non ha la decenza di parlare normalmente, quella persona non ha alcun valore ai miei occhi.

L'unico aiuto che puoi dare a un adulto pienamente funzionante è un lavoro. Ma non ho mai conosciuto un adulto sano che avesse bisogno di soldi e accettasse un lavoro. Questo è forse il miglior indicatore del fatto che si sono creati il proprio karma. Tutti abbiamo bisogno di qualcuno che pulisca il nostro appartamento, lavi i nostri vestiti, cucini per noi, porti i nostri cani al parco, faccia da babysitter ai nostri figli, ci aiuti con la spesa, lavi la nostra auto o, almeno, ci dia dell'acqua fresca da bere. Ci sono molti modi in cui le persone possono guadagnare soldi se vogliono lavorare. Ma se vogliono più di questo, devono nutrire il loro cervello con idee in cui credono.

Uno dei modi per convalidare i miei sogni è stato cercare risposte in realtà parallele per le quali ero disposto a lavorare. Immaginavo me stesso in un universo alternativo con ciò che stavo cercando e poi chiedevo al mio altro io se era davvero quello che volevo. Questo esercizio ha aperto le porte della mia mente a una maggiore comprensione della mia vera natura. Ad esempio, non voglio più ricchezze che non siano in linea con una vita ben equilibrata, una vita in cui la ricchezza sia un riflesso di ciò che voglio fare, non di ciò che devo fare per ottenerla. Mi concentro invece su realtà che trasmettono esattamente il tipo di vita con cui voglio sincronizzarmi. Ci sono così tanti mondi alternativi che non c'è limite a ciò che possiamo imparare dai nostri altri io in tali mondi.

Capitolo 13: Il percorso verso l'autenticità

Il potenziale di vedere oltre mi ha portato a ignorare i pregiudizi, i risentimenti e le domande inutili degli altri. Le loro menti limitate non riescono a comprendere la portata di ciò che sto realizzando, è un mistero per loro che non riescono a capire, quindi ricorrono a insulti e accuse di inganno. Anche quando assistono al mio lavoro, rimangono increduli perché le loro menti sono limitate a una gamma ristretta di possibilità, ed è per questo che realizzano così poco. L'autoriflessione è un lusso che non possono permettersi, ma non si è mai più grandi dei propri sogni e delle storie che si raccontano a se stessi su chi si è e cosa si può fare.

L'autoriflessione è uno strumento potente che ci permette di esaminare i nostri pensieri, sentimenti e azioni e di prendere decisioni consapevoli sulla direzione della nostra vita. Impegnandoci nell'autoriflessione, possiamo ottenere una comprensione più profonda di noi stessi e prendere decisioni più informate sui percorsi che scegliamo di seguire. Attraverso questo processo, possiamo imparare a fidarci di noi stessi, ad ascoltare la nostra saggezza interiore e a creare una vita che sia in linea con la nostra vera natura e i nostri desideri più profondi.

Non esiste un senso più profondo di scopo senza una profonda contemplazione della nostra immortalità, poiché chi siamo oggi è solo un assaggio di chi potremmo diventare domani, modellato da chi eravamo ieri. Nonostante le nostre battute d'arresto nella vita, siamo nati con un'immensa fonte di conoscenza dentro di noi. Il nostro percorso spirituale è in linea con i paradigmi formati nelle vite precedenti. Pertanto, se vogliamo vivere pienamente una vita, dobbiamo cercare di compiere il più rapidamente possibile le lezioni karmiche che ci vengono presentate.

Ecco un esempio di come l'ho fatto: la mia prima lezione è venuta dalla mia famiglia, che non mi ha amato. Ho dovuto compensare questo karma imparando ad amare la mia stessa esistenza, senza bisogno di essere convalidato dai membri della mia famiglia. Questo processo è diventato più facile quando ho capito che non sarei mai stato aiutato da persone che, fondamentalmente, non avevano empatia. Tuttavia, ho dovuto ricostruire il mio senso di famiglia per capirlo, passando da un senso di appartenenza a un senso di reciprocità.

La seconda lezione è arrivata quando ho dovuto rinunciare ai miei sogni e ai miei beni d'infanzia quando sono diventato un senzatetto. Questa lezione mi ha costretto a guardarmi dentro e a imparare a rivalutare la mia identità in base a chi sono e a ciò che posso ottenere dalla società, piuttosto che a ciò che possiedo. Ho trascorso gli anni successivi lavorando duramente per ricostruire la mia vita.

La terza grande lezione è arrivata quando ho compreso i limiti della mia capacità di lavorare sodo e imparare molto. L'unica alternativa che mi restava era usare la mia capacità spirituale per trasformare la mia realtà usando ciò che molti chiamano magia. L'ho fatto in modo efficace e ho creato la vita che sognavo. Dopo di che, ho ripetuto il processo più volte fino ad arrivare a un'altra lezione importante: la capacità di distruggere intenzionalmente i miei stessi successi.

La quinta e ultima lezione è arrivata sotto forma di distacco e solitudine. Dopo essermi guarito e aver trovato gioia nella solitudine, sono passato alla fase successiva, il che è abbastanza ovvio perché da allora le vendite dei miei libri sono aumentate di dieci volte. Il denaro arriva sempre in abbondanza quando si superano aspetti cruciali delle proprie lezioni spirituali.

Un'altra cosa che ho notato nella mia vita è che sembrava stagnante fino a quando ho capito che dovevo diventare uno scrittore. Dopo di che, tutto è successo molto rapidamente, come se qualcuno avesse messo il film della mia esistenza in alta velocità. Questo dimostra che, quando sei adeguatamente allineato con il tuo scopo, le cose saranno più facili per te. E saprai di cosa si tratta quando troverai qualcosa che ti farà innamorare della tua vita. È stato così che ho trovato la mia gioia nel condividere la conoscenza con il mondo.

Credo che non tutti debbano vedere la stessa cosa perché siamo tutti in fasi diverse dell'anima, ma l'amore è sia il catalizzatore che il culmine di questo viaggio; è la forza che ci spinge avanti, che ci costringe a cercare il significato della nostra esistenza e che, in ultima analisi, ci permette di imparare sulla nostra natura, specialmente quando non ce n'è nessuna, costringendoci a imparare ad amare noi stessi.

Di conseguenza, scrivo perché sono così e perché onoro la mia esistenza per me stesso, non perché ho bisogno di spiegarmi agli altri. Non posso spiegare a nessuno perché sono uno scrittore. La domanda non ha senso e proviene da un luogo di vuoto spirituale dove tutto ha bisogno di una ragione esterna perché le persone non sanno essere se stesse. Non capiscono che stanno ponendo le domande sbagliate perché non capiscono che siamo in un viaggio spirituale attraverso molti corpi ed esperienze. È in questo viaggio che troviamo il significato della vita, lo scopo della nostra esistenza e l'essenza dell'amore: tutto questo si manifesta come un'unica cosa dentro di noi.

Capitolo 14: Trasformazione interiore

L'essenza di chi sono è stata gravemente danneggiata e quasi distrutta, ma l'ho ricostruita meticolosamente, pezzo per pezzo, dai resti del mio passato. Mi sono ripreso rapidamente prima che un automatismo naturale prendesse il sopravvento su di me, come se stessi cercando un pezzo mancante dentro di me e lo avessi trovato la prima volta che ho meditato.

Se credete a mia madre, sono un demone, una creatura dell'inferno, ma ho capito che il vero inferno e la vera fonte di miseria è l'ignoranza. Dopo aver capito questo, ho compreso che perdonare gli stolti non significa amarli, ma semplicemente lasciarli uscire dalla propria mente affinché cose migliori possano occuparla.

È un paradosso interessante che coloro che si sentono più colpevoli cerchino di proiettare questa colpa su di noi, come se avessero un disperato bisogno che soffriamo per ciò che hanno fatto. Un tale assurdo può essere trovato solo nella mente dei pazzi e, come ho imparato, ce ne sono molti. La maggior parte delle persone è più determinata a spiegare e razionalizzare la propria follia che a imparare e cambiare. Se qualcuno non crede che io ne sappia più di lui, la conversazione si trasforma in un gioco infantile su chi ha ragione e chi ha torto.

Pochi hanno il coraggio di affrontare la verità e la sofferenza che questo confronto comporta, perché la verità è spesso dolorosa e riconoscere i propri errori di molti anni fa è un compito profondamente spirituale per il quale pochi sono preparati. Un terapeuta comune riuscirà ad aggirare questa questione nella sua pratica solo se non riesce ad accettare la natura spirituale del paziente.

Il percorso verso l'autenticità è un viaggio di scoperta e accettazione di sé. Richiede che affrontiamo le nostre paure, le nostre insicurezze e i nostri errori del passato. Richiede che abbracciamo il nostro vero io, anche se questo significa mettere da parte le aspettative e i giudizi degli altri. È un percorso che ci porta a una comprensione più profonda del nostro scopo e del nostro posto nell'universo. Ed è un percorso che, in ultima analisi, ci permette di vivere una vita fedele a chi siamo e a ciò in cui crediamo.

Per molte persone, la ricerca della spiritualità è spesso vista come una soluzione più facile e semplice ai propri problemi, ma non è così. Nulla può sostituire il potere dell'esperienza personale e il suo effetto sulla nostra mente e sulla nostra realtà. La carta della Torre dei Tarocchi lo illustra bene, poiché la carta della Torre è preceduta dal Diavolo (XV), che rappresenta gli attaccamenti materiali, le tentazioni e la sensazione di essere intrappolati o limitati dalle circostanze. È seguita dalla Stella (XVII), che porta speranza, rinnovamento e un senso di direzione dopo l'agitazione.

La carta della Torre simboleggia un cambiamento improvviso o una rottura significativa nella vita di una persona. Può rappresentare la distruzione di vecchi schemi o strutture per far posto a nuovi inizi. In questo senso, la Torre è una carta potente che può essere sconvolgente, ma che, in ultima analisi, porta alla trasformazione e alla crescita. Ci dice che dobbiamo permettere la distruzione del vecchio io e di tutto ciò che esso rappresenta e rafforza, compresa la perdita di amici, hobby e abitudini, prima di poter abbracciare un'esistenza migliore. Solo allora, dopo essere diventato una persona nuova, potrai trovare la stella che ti guiderà verso la destinazione desiderata.

Questa è una potente analogia con il viaggio dell'eroe che si trova nei film e nella letteratura, in cui l'eroe deve perdere tutto ciò che aveva prima di trovare una nuova strada per se stesso. Eppure, è motivata da una forza oscura, simboleggiata nei Tarocchi dal Diavolo: la caduta dell'armonia e la decadenza causate dai nostri attaccamenti. Ecco perché devi cercare l'introspezione e l'onestà per capire te stesso prima di conoscere la tua strada. In realtà, la cartomanzia ha più a che fare con il tuo pensiero che con il tuo futuro.

È facile prevedere il futuro se conosci i tuoi schemi di pensiero. La vera sfida è cambiare i propri schemi mentali per cambiare il proprio futuro. È così raro trovare qualcuno con questa capacità che le persone che mi leggono i tarocchi spesso rimangono confuse dalla rapidità con cui riesco a cambiare il mio futuro e a renderlo impossibile da prevedere. Lo faccio con la consapevolezza che sono io a creare il mio futuro, non le carte o qualsiasi altra forza esterna.

Il vero cambiamento viene dall'interno, attraverso la disponibilità ad affrontare le verità scomode su noi stessi e sulle nostre vite. Ma una delle sfide più grandi in questo processo è la tendenza ad aggrapparci alle nostre narrazioni e percezioni, anche quando sono in disaccordo con la realtà. Spesso costruiamo storie elaborate per proteggerci dal dolore di riconoscere i nostri errori, fallimenti e difetti. Questo autoinganno può manifestarsi in vari modi, dal negare la vera natura delle nostre relazioni al giustificare il nostro comportamento non etico o dannoso.

La strada verso la crescita e la realizzazione sta nella disponibilità ad abbandonare queste false narrazioni e ad abbracciare la nuda e cruda verità. Questo può essere un processo estremamente difficile e scomodo, poiché richiede di confrontarci con le parti più profonde di noi stessi, nell'oscurità e nelle profondità del nostro subconscio, le parti che abbiamo cercato a lungo di nascondere o ignorare.

Capitolo 15: La metamorfosi dell'anima

Confrontandoci con il nostro subconscio e la natura del nostro carattere, possiamo iniziare a scoprire le cause fondamentali delle nostre lotte, i modelli e le credenze che hanno plasmato la nostra vita senza che ne fossimo consapevoli. Portando alla luce questi aspetti nascosti di noi stessi, apriamo la porta a una profonda trasformazione e alla possibilità di una vera guarigione. L'atto di confrontarci con la verità può portare a un profondo cambiamento nella nostra prospettiva, permettendoci di vedere il mondo e il nostro posto in esso con maggiore chiarezza e sfumature. Possiamo arrivare a riconoscere i modi in cui i nostri pregiudizi e le nostre supposizioni hanno plasmato la nostra comprensione della realtà e del nostro destino, e possiamo iniziare a sfidare questi pregiudizi nella ricerca di un'esistenza più autentica e significativa.

Come disse il filosofo Seneca, «Non è perché le cose sono difficili che non osiamo, ma è perché non osiamo che sono difficili». È nella volontà di affrontare le nostre paure e accettare l'ignoto che possiamo sbloccare il vero potenziale delle nostre vite e forgiare un percorso che sia significativo e in linea con la nostra volontà personale. Si tratta di una scelta che richiede coraggio, vulnerabilità e disponibilità a confrontarsi con gli angoli più oscuri della nostra psiche. Ma è attraverso questo confronto che possiamo sperare di raggiungere la vera conoscenza di noi stessi.

Come osservò una volta Carl Jung, "Finché non rendi conscio l'inconscio, esso governerà la tua vita e tu lo chiamerai destino". Immergendoci nei recessi più oscuri della nostra mente, possiamo iniziare a comprendere le forze che modellano i nostri pensieri, le nostre emozioni e i nostri comportamenti e, così, assumere il controllo del nostro destino. Il cambiamento che desideriamo vedere nel mondo deve avvenire prima nei nostri cuori e nelle nostre menti. Come disse una volta Carl Jung: "Coloro che guardano fuori sognano; coloro che guardano dentro si svegliano".

Affrontando le nostre contraddizioni e i nostri limiti, apriamo la strada a una comprensione più profonda di noi stessi e del mondo che ci circonda. In questo viaggio, incontreremo aspetti di noi stessi che ci riempiono di orgoglio e altri che ci riempiono di profonda vergogna, ma è attraverso questo processo di accettazione e integrazione di tutte le parti del nostro essere che possiamo raggiungere la vera autenticità.

La trasformazione interiore non è un percorso diretto o facile, ma è necessaria per coloro che cercano di vivere una vita con uno scopo, un significato e una vera realizzazione. Accettando il viaggio interiore, possiamo liberare il potere di plasmare il nostro destino e creare una vita che rifletta l'essenza di chi siamo veramente.

Coloro che cercano di elevarsi spesso si sentono estranei, incompresi e persino perseguitati da coloro che temono i cambiamenti o si sentono minacciati da verità superiori. Tuttavia, come disse una volta Friedrich Nietzsche: "Coloro che hanno una ragione per vivere possono sopportare quasi tutto". Coloro che sono guidati dalle idee possono trasformare se stessi e la realtà che li circonda.

Ogni individuo nasce in un contesto unico, con sfide e vantaggi specifici. Tuttavia, non siamo limitati dalle nostre circostanze esterne; siamo limitati solo da ciò che sappiamo e dalla nostra determinazione a cercare strade alternative. Inoltre, l'esperienza mi ha insegnato che l'intensità emotiva e la prospettiva unica che spesso accompagnano ciò che la società definisce "follia" sono catalizzatori più probabili per una trasformazione profonda, l'espressione artistica e forme innovative di far progredire la società. L'arte, così come l'immaginazione, non è solo un mezzo di espressione personale, ma una forza vitale nell'evoluzione della coscienza umana.

Ci eleviamo attraverso i modi innovativi di pensare che condividiamo gli uni con gli altri. Ogni opera d'arte, che sia un libro, un brano musicale o un dipinto, ha il potenziale per essere un punto di svolta nella vita di qualcuno, offrendo nuove prospettive, sfidando i preconcetti e ampliando gli orizzonti. Questo ci porta a mettere in discussione le nostre scelte e il significato dell'essere umani in questo universo vasto e complesso. In questo processo, scopriamo non solo di più sul mondo che ci circonda, ma anche le profondità inesplorate dentro di noi.

Con il tempo, iniziamo a comprendere il significato di questo processo. Il vero miracolo non sta nelle manifestazioni esterne dei nostri desideri, ma nella trasformazione interna che ha avuto luogo. Ho imparato che la conoscenza, per quanto vasta e profonda, è solo uno strumento. Il suo vero valore sta nel modo in cui la usiamo per crescere, per connetterci con gli altri e per dare un contributo positivo al mondo che ci circonda. Non ha molto senso limitarsi ad accumulare informazioni che non vengono utilizzate o che vengono utilizzate solo per raggiungere i nostri obiettivi personali.

Il viaggio più trasformativo è quello che intraprendi attraverso la trasformazione della tua personalità e del tuo carattere. Questo viaggio, sebbene integrato nell'avventura di percorrere sentieri sconosciuti nella vita, ti porta a un'esistenza più significativa, in linea con lo scopo spirituale della tua vita su questa Terra.

Capitolo 16: Il percorso invisibile verso la pienezza

Oggi guardo indietro al mio percorso con un misto di ammirazione e umiltà. Ammiro ciò che ho ottenuto grazie al potere del desiderio concentrato e dell'intenzione allineata, ma mi sento anche umile di fronte al mistero che ancora avvolge molti aspetti dell'esistenza e alle numerose benedizioni inaspettate del regno divino che non avrei potuto prevedere o immaginare. Per questo continuo a imparare, crescere e condividere, sapendo che ogni giorno porta nuove opportunità di scoperta e trasformazione. Accetto il mistero dell'ignoto come la cosa migliore della vita. In realtà, provo compassione per coloro che mi fanno sistematicamente domande, presumendo che le risposte siano confinate alle pareti della loro interpretazione della realtà. Le persone vedono molto poco quando si aspettano molto.

I più grandi successi che ho ottenuto per me stesso sono stati nel regno dell'invisibile, sia immaginando cose che non riuscivo a vedere me stesso realizzare, come la ricchezza inaspettata e il sostegno che ho ricevuto, sia quando cani, uccelli e gatti randagi sono venuti a farmi compagnia nei miei momenti più solitari. In Lituania, gli uccelli sono venuti a mangiare dalla mia mano e a cantare per me mentre mangiavo un croissant nelle strade più trafficate. In Albania, i cani randagi locali sono venuti da me mentre guardavo il bellissimo tramonto di Sarandë da solo. E in Grecia, i gatti sono venuti da me sulla spiaggia mentre mi rilassavo al suono delle onde del mare. In questo senso, la natura mi ha dato un equilibrio naturale per aiutarmi a contemplare la bellezza dell'esistenza e incoraggiarmi a continuare il mio viaggio.

La solitudine mi ha anche fatto apprezzare di più i suoni del vento e i raggi di luce sul mio viso, specialmente nei momenti in cui pensavo che la mia vita stesse volgendo al termine. Ma, mentre sprofondavo sempre più nell'altro mondo, venivo anche attirato indietro da nuovi messaggi di speranza. Era come se mi stessero dicendo che il viaggio che mi aspettava era pieno di benedizioni inaspettate. E questo era certamente vero, perché presto avrei visto che il mio conto in banca avrebbe ricevuto somme inaspettate di denaro che mi avrebbero permesso di ripensare le mie priorità e concentrarmi sulla mia guarigione.

Queste e molte altre cose nella mia vita sembrano impossibili e incomprensibili per molte persone che non le hanno mai vissute. Ma per me sono diventate parte della mia esistenza, anche se per molti anni ho rifiutato queste manifestazioni a causa del condizionamento creato dai miei stessi genitori e rafforzato dal resto della famiglia, che mi considerava pazzo. Non aiuta quando il resto della società ci etichetta allo stesso modo e ci sminuisce perché siamo diversi da loro, anche se in modo molto superiore.

Ho trovato riconoscimento della mia natura spirituale solo tra i leader delle organizzazioni più importanti, perché il resto del gruppo mi invidiava e mi odiava per qualità che loro non possedevano, ma che hanno cercato di acquisire attraverso molti anni di impegno e studio dedicati. Sfortunatamente, la maggior parte di loro percepiva le mie qualità come una minaccia alla loro facciata, piuttosto che come un modo per migliorare più rapidamente, facendo sì che perdessi l'interesse che prima avevo per molte religioni.

Abbracciare la trasformazione non significa solo cambiare le nostre circostanze esterne; significa cambiare il nostro panorama interiore, e lo impariamo sicuramente quando gli altri non ci permettono di condividere il loro percorso, sia per invidia che per senso di competizione. Questo paesaggio interiore, se non adeguatamente nutrito, può contaminarsi con paure, insicurezze e il riflesso dei nostri errori passati, motivo per cui la religione, il più delle volte, ci fa regredire con falsità e non risponde a nulla di vitale che possa aiutarci ad ascendere spiritualmente.

Lo capisci quando ti rendi conto che la trasformazione interiore richiede che abbandoniamo le aspettative e i giudizi degli altri e forgiamo un percorso che sia vero per chi siamo e in ciò in cui crediamo, anche quando non c'è somiglianza in nessuno intorno a noi che possa aiutare a giustificare, spiegare e convalidare le nostre scelte. Abbracciando questo percorso, possiamo trovare il coraggio di essere noi stessi, amarci e creare una vita che sia autentica, significativa e vera.

Questo percorso non è lineare e gli ostacoli sono una parte naturale del processo. Ma accettando l'ignoto e l'imprevisto, ci apriamo alla possibilità di una vera crescita. Ci liberiamo dagli strati di condizionamenti e aspettative che ci sono stati imposti dalla società e dalla nostra educazione e scopriamo l'essenza di chi siamo veramente. Intraprendendo questo viaggio, possiamo vivere una vita in linea con i nostri valori e le nostre aspirazioni più profonde e dare un contributo positivo al mondo che ci circonda.

Capitolo 17: Il potere del cambiamento positivo

Ho imparato ad apprezzare le illusioni che ho creato come forma di autoterapia, aiutandomi a staccarmi dalla realtà che mi stava causando un'immensa depressione e minando la mia voglia di vivere. Non sapevo che questa abitudine avrebbe elevato la mia vibrazione a uno stato di coscienza più elevato e avrebbe attirato opportunità apparentemente impossibili nella mia vita. È stato allora che ho attirato il denaro per la prima volta e, da allora, non mi sorprende più attirarne altro quando ne ho bisogno. Tuttavia, il denaro in sé non è e non è mai stato l'obiettivo, ed è qui che molte persone rimangono bloccate. Sono troppo ossessionate dall'acquisire denaro invece di trovare uno scopo per utilizzarlo.

È più probabile che attiri denaro se lo usi per beneficenza invece che per te stesso, ed è anche più probabile che attiri denaro se hai uno scopo che trascende il tuo piacere personale e si estende al regno delle possibilità e a ciò che puoi fare per migliorare la tua vita, che sia trovare un lavoro migliore o intraprendere un viaggio spirituale.

Quando prestiamo attenzione a queste leggi, scopriamo che sono giuste. Dio non aiuta gli egoisti, non importa quanto siano devoti alla loro religione o quanto preghino. Gli egoisti finiscono in uno stato di degrado spirituale, un inferno creato da loro stessi, dove sentono la sofferenza degli altri come se fosse la loro. Questo inferno non è un luogo di fiamme, ma una melma dove il degrado diventa te stesso e tu diventi parte del dolore che provano gli altri. Ha le stesse caratteristiche del paradiso, ma al contrario.

In un certo senso, la Terra è una forma di inferno, anche se è uno stato di permanenza eterna per coloro che non hanno empatia. Ecco perché, quando qualcuno mi chiede se credo nell'inferno, rispondo che ci siamo già. Non è possibile riconoscerlo se si è in uno stato mentale di accettazione di ciò che presumibilmente ti spinge avanti e verso mondi migliori. Questa è la perversità che i pensatori positivi nascondono generalmente nella decadenza delle loro anime, mascherati dietro facciate sociali di uno stato spirituale superiore che non possiedono.

Esistono mondi migliori, e questi mondi sono il nostro Paradiso, uno stato normale per coloro che non si adattano a questo mondo. Tuttavia, questo paradiso sarebbe difficile da accettare per le molte anime sulla Terra che sono immorali, egoiste, invidiose e che incarnano pensieri e sentimenti malvagi nei confronti degli altri. La Terra è il regno perfetto per coloro che non vogliono andare da nessun'altra parte perché non sono pronti, ed è per questo che continuano a reincarnarsi qui, cercando risposte che non offrono una soluzione efficace allo spirito.

Questa affermazione diventa ovvia quando si osserva che questo pianeta è bello e ricco di risorse, ma le persone lo stanno trasformando in un pozzo di sofferenza obbligando tutti a pagare per viverci. Ci sono grandi quantità di terra ed energia illimitata, ma dobbiamo pagare per mangiare e usare questa energia gratuita. Quando ero bambino, tornavo spesso a casa con le borse della spesa e i soldi perché mi dimenticavo sempre di pagare. La gente pensava che stessi rubando o che avessi qualche tipo di problema mentale, ma nessuno mi ha mai chiesto perché lo facessi. La verità è che per me non aveva senso dover pagare per il cibo. Infatti, solo sulla Terra le persone devono pagare per sopravvivere.

Non esiste un livello così basso di compassione e mancanza di empatia su altri pianeti più evoluti. Le persone altamente spirituali non lasciano che gli altri soffrano la fame e non pensano di far loro pagare per mangiare. E a che punto siamo arrivati, dal prendere l'acqua da un fiume al dover pagare per delle bottiglie al supermercato perché non possiamo più bere l'acqua del rubinetto? Migliaia di anni di evoluzione non hanno portato a nulla. Portiamo ancora l'acqua con noi, ma ora paghiamo per l'acqua minerale di sorgente che potremmo ottenere gratuitamente. Ma è ovvio che le persone non vedono le incongruenze e la follia nel modo in cui percepiscono la loro vita, perché si adattano perfettamente a questo meccanismo. È impossibile per uno spirito di basso livello vedere il proprio inferno, perché lo ha accettato come normale, e quell'inferno è un riflesso perfetto del suo io interiore.

Fortunatamente, ci sono sempre portali attraverso i quali possiamo accedere a nuove realtà, e questo è lo scopo di creare il proprio percorso all'interno di questi regni. È sempre possibile migliorare se stessi e accedere a stati di esistenza più elevati. Pensiamo che questo significhi essere ricchi perché non conosciamo altro modo. Sarebbe come mille anni fa, quando si pensava che bisognasse essere uno psicopatico per diventare re, perché la legge della spada era l'unico modo conosciuto per ottenere il potere. Ma alla fine ho capito che sognare non è solo una fuga dalla realtà, ma un modo per comprendere noi stessi e il nostro posto nel mondo. Modella la nostra esistenza, ma anche le esperienze che incontriamo lungo il nostro cammino per insegnarci di più su chi siamo e cosa possiamo fare. È un atto di fede, una dichiarazione all'universo su ciò che vogliamo manifestare nella nostra vita e su ciò che siamo disposti a fare per arrivarci, anche se non sappiamo quali sfide ci attendono o quanto siamo potenti per superarle.

Capitolo 18: Reinvenzione e verità

Con il passare degli anni, ho imparato ad apprezzare gli alti e bassi della vita, riconoscendo che entrambi sono parte integrante di un'esistenza ricca e autentica. Non permetto più agli altri di definirmi in base alle sfide che affronto, perché so che posso superarle se mi concentro sul futuro. Questo include tutto, dal mio aspetto alla mia ricchezza. Spesso le persone rimangono sorprese quando vedono le mie foto recenti: sono completamente diversa da come ero sei mesi fa. Ho perso molto peso e sembro molto più giovane, come se fossi tornata indietro di dieci anni, ma mangio più di prima.

Questa trasformazione è una prova del potere di manifestare i nostri desideri attraverso l'intenzione focalizzata e l'azione allineata. Non si tratta di ottenere una validazione esterna, ma di coltivare un profondo senso di scopo e connessione con qualcosa di più grande di noi stessi. Abbracciando questo percorso, possiamo trovare il coraggio di amare noi stessi e creare una vita che sia autentica, significativa e vera.

Il potere della trasformazione positiva sta nella nostra capacità di vedere oltre i limiti della nostra realtà attuale e intravedere un futuro che sia in linea con i nostri valori e le nostre aspirazioni più profonde. Si tratta di riconoscere che abbiamo il potere di plasmare il nostro destino e creare una vita che rifletta l'essenza di chi siamo veramente. Eppure, non importa quanto impariamo, avere più conoscenza ed esperienza non cambia la natura degli altri o il modo in cui reagiscono a noi.

I loro giudizi sono semplici riflessi dei loro limiti personali, poiché non riescono a immaginare ciò che non sono in grado di creare. Non riesco nemmeno a offendermi per ciò che dicono le persone, specialmente quando mi danno del pazzo, perché gli insulti sono così lontani dalla mia realtà attuale che suonano ridicoli quanto qualcuno che mi chiama verde e si aspetta che io mi offenda per essere stato chiamato verde. E perché dovrei sentirmi offeso quando qualcuno mi chiama nero o arabo e si aspetta che io mi senta offeso? L'ignoranza è davvero un insulto? E per chi? Sarebbe come se qualcuno su una sedia a rotelle ti prendesse in giro perché cammini con due gambe.

Perché dovrei sentirmi offeso quando mi definiscono pazzo dopo aver scritto tanti libri meravigliosi che avrei voluto leggere quando ero più giovane, da persone che non leggono molto e non capiscono molto? Perché i saggi dovrebbero offendersi con gli stolti? Come ho già detto più volte, dato che rispetto l'ignoranza degli altri, sarebbe logico che loro rispettassero la mia saggezza, ma questo è ben lungi dall'essere vero. Più sai, più sarai insultato dai più ignoranti tra noi.

I molto ignoranti tendono a cristallizzare la loro versione della realtà, il che significa che, molto tempo dopo che hai cambiato radicalmente te stesso e la tua vita, continueranno a parlare di un passato che non esiste più. Potrebbero persino ricordarti cose che hai fatto quando eri più giovane, come se cercassero di riportarti in quella vecchia struttura. È per questo che ho chiuso tutte le mie amicizie. Dopo un po' ti rendi conto che non stanno parlando con te, ma con se stessi attraverso una versione più vecchia di te. Ti senti come un fantasma di fronte a una persona che non può vederti. Ma questo è il vero miracolo, perché ti rendi conto che non è il cambiamento delle circostanze esterne, ma la trasformazione interna che è avvenuta.

La persona che ero - esausto, intrappolato in una routine soffocante, ma ancora sognatore - ha creato le basi per quello che sono diventato, ma coloro che sono intrappolati in una realtà che non esiste più non riescono a vederlo. Cercano invece di trovare ragioni e razionalizzazioni per il mio cambiamento, spesso attribuendolo a fattori esterni e alla fortuna, piuttosto che a un cambiamento fondamentale nel mio essere. La gente ama le storie su sconosciuti inaspettati con informazioni o momenti improvvisi di opportunità inaspettate, perché nessuno vuole davvero storie su un processo profondo e lungo di intuizione spirituale, meditazione e duro lavoro per forgiare un nuovo sé.

Le persone mi odiano quando dico che sono migliorato grazie al lavoro. Vogliono invece la magia perché odiano il lavoro. Ma è proprio ciò che odiano che li rende ciò che sono, con tutte le loro esperienze debitamente allineate. Ad esempio, ricordo una lettrice che una volta mi disse che la vita in Brasile era molto difficile e che non poteva più mangiare carne tutti i giorni, e io le risposi: "E perché vorresti mangiare carne tutti i giorni?"

Vedi, la maggior parte dei problemi che le persone hanno non sono realmente problemi. Li vedono come problemi solo perché non sono consapevoli dei propri limiti spirituali. La verità è che dovresti preoccuparti del prezzo della frutta e della verdura nel tuo paese, non del prezzo della carne. La vera miseria delle Filippine non è il prezzo della carne di maiale, ma il fatto che vivono su isole circondate da un vasto oceano pieno di pesci e non ne mangiano affatto. La vera miseria delle Filippine è che un pezzo di broccoli costa più del suo equivalente in carne di maiale. Una miseria ancora maggiore è vedere che non hanno nulla eppure ingannano e mancano di rispetto ai turisti che vanno lì, spingendoli poi a scegliere altre nazioni vicine, dove gli abitanti locali sono più onesti.

Capitolo 19: La natura della speranza

La miseria è spesso autoinflitta, derivante da un basso livello di consapevolezza e dai comportamenti che ne conseguono, come l'irresponsabilità, la mancanza di integrità e la riluttanza al cambiamento. La vera miseria di nazioni come le Filippine non risiede nella loro povertà, ma nella loro cultura e in tutto ciò che essa rappresenta. L'orgoglio, in questi casi, è fuori luogo, poiché celebra l'ignoranza di massa e limita la crescita personale. Nulla giustifica l'orgoglio in nazioni che hanno un disperato bisogno di cambiamenti radicali. In effetti, l'attuale minaccia di invasione cinese potrebbe, paradossalmente, portare a un sistema politico migliore, sottolineando l'ironia che le cose che temiamo di più possono, a volte, essere una benedizione sotto mentite spoglie.

Le Filippine, con i loro alti tassi di omicidi e stupri, sono diventate uno dei paesi più pericolosi per i viaggiatori. Questo non è il risultato della povertà, ma di una cultura profondamente fallimentare. Dopo aver subito estorsioni e frodi ai danni degli stranieri, non ho alcun desiderio di tornare e nessuna simpatia per la loro situazione. Le loro azioni riflettono una mentalità demoniaca in cui i bambini sono visti come schiavi e le figlie come prostitute, il tutto giustificato da un'interpretazione perversa della religione. Questa è la vera manifestazione dell'inferno sulla terra, forse anche peggiore che vivere in una nazione comunista.

Come ho capito, l'opposto di forgiare una nuova vita e cambiare è l'incarnazione del risentimento e delle energie più oscure che lo accompagnano. La disperazione dei filippini li porta a incorporare una natura molto malvagia. Ho visto lo stesso in altre culture che lottano per sopravvivere, come il Portogallo, la Spagna e la Grecia. Ogni volta che le persone perdono la speranza, attirano su di sé un'energia molto oscura. Ma questo diventa anche una forza che cristallizza il loro karma e determina il loro destino in modo molto drammatico e catastrofico, come nel recente caso dell'Ucraina, quando la Russia ha invaso il paese nel 2022.

Solo coloro che sono in grado di cambiare la propria mentalità e rendersi conto che la vita non è determinata da circostanze esterne, ma da scelte personali, possono sfruttare il potere di cambiare il proprio destino, anche quando circondati da risultati apparentemente limitanti. Sognare ad occhi aperti e contemplare nuove possibilità è diventata un'abitudine che ha rimodellato la mia mente e mi ha permesso di riconoscere e cogliere le opportunità. Questa consapevolezza ha sottolineato il potere della mente umana e l'importanza di coltivare una prospettiva positiva. Non si tratta di un pensiero positivo superficiale, ma di una convinzione profonda e incrollabile nelle nostre capacità e nel potenziale illimitato che la vita offre. I sogni alimentati dalla passione e dalla perseveranza hanno il potere di manifestarsi in modi inaspettati.

Ognuno di noi porta dentro di sé i semi di una realtà straordinaria che aspetta il momento giusto per fiorire. Quando allineiamo i nostri desideri con la nostra vocazione spirituale, la vita ha un modo meraviglioso di trasformare le nostre fantasie più folli in realtà tangibile. Il segreto è mantenere viva la fiamma della speranza, continuare a immaginare il futuro che desideriamo e rimanere aperti alle infinite possibilità che la vita offre. Molte persone perdono opportunità a causa della mancanza di umiltà e della testardaggine. Sono troppo determinate a ottenere solo ciò che vogliono, invece di ottenere ciò per cui sono disposte a lavorare. Coloro che sono disposti a svolgere compiti umili hanno generalmente più opportunità di cambiare il proprio destino rispetto a coloro che pensano di meritare la ricchezza solo per avidità e arroganza.

I sogni che da tempo abitavano i recessi più profondi della mia mente si sono materializzati davanti ai miei occhi, uno dopo l'altro, come pezzi di un puzzle cosmico che si incastrano. Tuttavia, ho anche creato una realtà per me stesso che gli altri non considerano reale. La loro arroganza impedisce loro di mostrare rispetto per una persona viva. Mi considerano arrogante, anche se sono stato un rispettato professore universitario. Sembra che, come professore, fossi fonte di ispirazione, ma come autore sono solo un pazzo che esprime opinioni personali. La percezione selettiva delle persone non smette mai di sorprendermi, specialmente quella dei gruppi religiosi che affermano di seguire pratiche che contraddicono le loro azioni.

La vita ha un modo tutto suo di sorprenderci, capovolgendo le nostre aspettative e costringendoci a rivalutare tutto ciò che pensavamo di sapere su noi stessi e sul mondo. Il mio disprezzo per la religione e la mancanza di rispetto che ho riscontrato in molti luoghi mi hanno costretto a sviluppare una maggiore autoconsapevolezza e una più acuta autostima. I molti lavori che ho perso a causa dell'invidia e della calunnia mi hanno portato a riconoscere il mio valore più grande come scrittore, non solo come mezzo per condividere la conoscenza.

In definitiva, l'essenza della speranza risiede nella nostra capacità di adattarci, crescere e continuare a sognare, nonostante le sfide e le difficoltà che affrontiamo. Risiede nella fede incrollabile nel nostro potenziale e nelle possibilità illimitate che la vita offre. È nel coraggio di affrontare realtà spiacevoli e di usarle come trampolini di lancio verso un futuro migliore. Ed è nell'umiltà di accettare che il nostro viaggio non finisce mai veramente, ma è sempre in evoluzione, sempre in divenire e sempre pieno di meraviglie e sorprese.

Capitolo 20: La trasformazione dell'amore

L'esperienza mi ha portato a mettere in discussione la natura del destino e del libero arbitrio. Abbiamo davvero una scelta su come si svolge la nostra vita? O siamo semplici attori in un copione cosmico prestabilito? La risposta, sospetto, sta da qualche parte tra questi due estremi: abbiamo il libero arbitrio, sì, ma siamo anche soggetti a forze più grandi di noi, che si tratti del caso, del destino o semplicemente delle complessità della psiche umana e del nostro destino spirituale. Ma ho anche imparato l'importanza dell'autenticità nelle relazioni e il pericolo di proiettare le nostre aspettative e idealizzazioni sugli altri. Perdiamo molto tempo aspettando che le persone cambino e mantengano i loro accordi e le loro promesse, e quasi mai lo fanno. La persona comune è debole, pigra, stupida e lenta nella vita.

Per quanto riguarda la ricerca dell'anima gemella perfetta, l'unica persona che può sostenerci nella nostra ricerca spirituale, essa può renderci ciechi di fronte alle realtà umane imperfette, ma molto comuni, delle persone con cui ci relazioniamo, che spesso ci cambiano in modo negativo e alterano il corso della nostra vita verso esperienze peggiori. Sono stato allontanato più volte dalle donne con cui mi sono relazionato, il che mi ha fatto capire l'importanza della solitudine piuttosto che della compagnia di coloro che sono troppo inconsapevoli e demotivati dalla vita per cambiare qualcosa in se stessi, specialmente quelli che sono ossessionati dai propri attaccamenti, amici e famiglia.

Questi individui sono immersi in rituali e abitudini che impediscono loro di cercare qualcosa di più grande e di aiutare coloro che cercano queste strade; invece, li tirano costantemente indietro e li abbassano con varie strategie determinate a diminuire la loro autostima e a farli conformare, proprio come fanno i membri della famiglia con noi. Forse è per questo che cadiamo così facilmente nelle trappole del conformismo, scegliendo di evitare confronti necessari ma scomodi. Confondiamo il senso di appartenenza con uno scopo nella vita e finiamo per soccombere ai desideri degli altri. Quindi, quando qualcuno mi chiede se è meglio essere single o sposati, non riesce a capire la premessa alla base della domanda: è meglio amare che stare da soli, ma è anche meglio amare se stessi che amare qualcuno che ti rende infelice.

Molto spesso, le persone sono orgogliose di relazioni che non le soddisfano e disprezzano coloro che rimangono single perché hanno troppa paura di fare lo stesso. Il loro orgoglio maschera molte debolezze e insicurezze. Per questo ho imparato ad essere più gentile con me stesso, a capire che commettere errori ed essere tradito non mi rende una persona inferiore. La strada verso una vita davvero soddisfacente non sta nella ricerca incessante di sogni esterni o nell'idealizzazione di relazioni perfette che contribuiscono alla convalida degli altri. Sta invece nel coltivare un rapporto sano con noi stessi, costruire connessioni autentiche con gli altri e trovare uno scopo che trascenda i risultati materiali.

Il modo in cui qualcuno mi guarda e mi tratta mi definisce, e questo atteggiamento mi impone di rispondere allo stesso modo. Ma questa non è una legge che ho creato io; è un principio fondamentale della vita. Se vuoi un buon lavoro, prima lavora gratis. Se vuoi l'amore, prima conquista il rispetto. Se vuoi essere felice, prima impara ad amare te stesso. La solitudine che possiamo provare, sebbene dolorosa, è anche un'opportunità di crescita e di scoperta di sé. È un modo per guarire vecchie ferite, rivalutare le priorità e ridefinire cosa significa davvero vivere una vita piena e significativa.

La vita non consiste solo nel realizzare i nostri sogni, ma nell'imparare a integrare questi sogni nella realtà delle nostre vite. Si tratta di trovare un significato non solo nelle realizzazioni esterne, ma nel percorso interiore di autocoscienza e crescita personale. La solitudine offre lo spazio interiore per contemplare questa realtà. E forse questa è la vera natura della speranza: non l'aspettativa che tutto sarà perfetto, ma la convinzione che, attraverso le nostre esperienze, possiamo trovare significato, crescita e, infine, una forma più autentica di felicità.

All'inizio potremmo essere portati a credere che raggiungere i nostri obiettivi e le nostre ambizioni sia la strada diretta verso la felicità. Dopotutto, non è questo che ci viene insegnato fin da piccoli? Tuttavia, con il tempo, ci rendiamo conto che questo approccio può essere ingannevole e spesso ci lascia con una sensazione di vuoto, anche dopo aver raggiunto ciò che desideriamo tanto. La vera felicità, ho scoperto, non dipende da conquiste o traguardi esterni, ma piuttosto da uno stato interiore di appagamento e pace. La felicità, nella sua essenza più pura, è un sottoprodotto delle nostre azioni e, cosa ancora più importante, delle nostre interazioni con gli altri e con chi e dove scegliamo di interagire. L'unico aspetto della vita su cui abbiamo un controllo reale è la quantità di amore che scegliamo di provare e di offrire.

Questo è un pensiero potente e trasformativo, perché, anche se non possiamo controllare le circostanze esterne, le azioni degli altri o persino i nostri stessi sentimenti in un dato momento, possiamo sempre scegliere come rispondere a queste situazioni - e la risposta più potente è sempre l'amore per noi stessi.

Capitolo 21: Trascendere la transizione

Se non abbiamo amore per noi stessi, tutto sarà perduto, perché soccomberemo facilmente ai venti del dubbio e della disperazione, forze influenzate dai nostri attaccamenti verso individui che esprimono la loro realtà in una vibrazione inferiore. Tuttavia, una parte cruciale di questo viaggio è imparare a liberare il nostro dolore, elaborarlo in modo sano e trasformarlo in comprensione e compassione per i limiti degli altri e del loro percorso. Le persone che disprezziamo stanno attraversando le loro lotte e sofferenze e, sebbene possano essere pericolose, sono anche la fonte della loro stessa miseria e lotta.

Alla fine, la trasformazione dell'amore inizia con l'amore che coltiviamo per noi stessi. È da questa base che possiamo costruire relazioni autentiche e significative con gli altri e trovare la vera felicità e realizzazione nella nostra vita.

Il nostro approccio alla vita dovrebbe essere quello di cercare il cambiamento invece di aspettarlo, perché è più facile trovare persone che ci ricambiano l'amore che aspettare che qualcuno cambi a causa della nostra illusoria aspettativa di tale cambiamento. Molte persone si lasciano coinvolgere in drammi che potrebbero essere risolti se tagliassero il bisogno di attaccamento dentro di sé. Spesso il dolore che proviamo ha più a che fare con i nostri limiti spirituali che con le persone che incontriamo. Quindi, è un paradosso affascinante il fatto che più dolore ci causa qualcuno, maggiore dovrebbe essere il nostro desiderio di amare noi stessi, come se la negatività di quella persona stimolasse il nostro bisogno di crescere spiritualmente. E perché dovrebbe essere diverso?

Coloro che accettano e contemplano una vita di miseria a causa di pressioni religiose o culturali stanno semplicemente perpetuando uno stato spirituale negativo che non li renderà persone migliori, ma li renderà invece cattivi quanto coloro che tollerano. Basta guardare le persone che si lamentano della loro sofferenza e chiedersi in che modo queste persone siano diverse da coloro che le hanno ferite. Forse la persona che descrivono nella storia come se stessi era diversa, ma la persona che descrive il passato a voi è ora un prodotto di quel passato.

Le persone cambiano le loro circostanze, ma raramente guariscono da ciò che hanno vissuto, riportando alla luce le caratteristiche che possono portarle a rivivere la stessa sofferenza. Questo vale certamente per le donne che hanno subito abusi e hanno perso la capacità di amare. Pertanto, la speranza che qualsiasi terapia offre non deriva dalla tecnica in sé, ma dalla promessa che esiste qualcosa di più grande di noi stessi. Quando siamo in grado di andare oltre il bisogno di risoluzione o perdono e ci concentriamo invece sull'amore di Dio e sul mondo spirituale, ci sintonizziamo su una frequenza più alta che rompe gli schemi di una frequenza più bassa che la sofferenza ci ha portato.

In questo senso, la domanda da porsi non è se si è in grado di accettare e perdonare coloro che ci hanno tradito e ferito, ma se si è in grado di ricordare i momenti di felicità. Riesci a ricordare la prima volta che ti sei sentito felice nella tua vita? Fai questa domanda alle persone che conosci e osserva come iniziano rapidamente a piangere. Questo accade quasi automaticamente e istantaneamente perché tutti su questo pianeta portano con sé un'enorme quantità di felicità repressa sotto strati molto spessi di sofferenza che vogliono dimenticare per andare avanti con la loro vita.

Il problema è che le cose che ti rifiuti di affrontare determinano anche la tua capacità di essere felice. Quindi, non puoi essere felice a meno che non rimuovi gli strati di ricordi dolorosi dalla tua psiche, il che significa che devi ricordare il dolore per ricordare necessariamente cosa significa essere felice. Il paradosso della salute mentale è che devi perdonare te stesso prima di essere felice, e solo allora potrai perdonare gli altri. Invertire questo ordine significa pervertire le leggi della coscienza e limitarsi a ulteriori strati di colpa, indottrinamento e dogma.

Ecco perché le religioni pervertono la capacità di guarigione dell'anima umana, e la terapia convenzionale e i suoi farmaci non fanno altro che sopprimere ulteriormente i sintomi di una mente non guarita. Invece, scegliendo costantemente la via dell'amore per noi stessi e per le nostre vite, ci stiamo in qualche modo allineando con un potere superiore, e questo potere si trova quando riusciamo a ricordare ciò che ci ha reso felici. C'è una sensazione di essere in armonia con qualcosa di più grande di noi stessi che può spezzare le catene dei nostri ricordi più dolorosi e il loro controllo sulle nostre menti e sulle nostre scelte. Basta ripetere a se stessi, come un mantra, "Quando sono stato felice?" e iniziare questo viaggio interiore, scacciando tutti i demoni dentro di voi con la spada della speranza.

Quando scegliamo di non amare, spesso perché crediamo erroneamente che l'amore debba essere condizionale o reciproco, cadiamo in una trappola pericolosa perché agiamo sulla base di un sentimento di insicurezza e paura, una scelta basata sul timore di ripetere traumi non guariti. "Mi ami?" è una domanda che spesso nasconde la paura di essere feriti di nuovo, di ripetere le delusioni del passato. Ma non c'è risposta che possa confortare una persona non guarita, perché quella persona non può credere al contrario di un trauma non guarito.

Capitolo 22: Amore e cambiamento

Il cambiamento avviene solo quando liberiamo il nostro passato, ed è per questo che la maggior parte delle persone continua a ripetere le storie che vorrebbe lasciarsi alle spalle. Spinte dalla paura, cercano il cambiamento mentre ripetono gli scenari che hanno lasciato alle spalle, senza rendersi conto di essere la causa di tali esperienze. Ciò che temiamo ci porta a creare più di ciò che temiamo nel tentativo di sopprimere questa paura. Nessuno lo sa meglio dei narcisisti, che feriscono coloro che temono di amare per mettere alla prova il loro impegno.

In questo senso, l'anima non guarita crea una prigione di illusioni personali che ci ruba l'essenza di ciò che ci rende umani: la nostra capacità di connessione e compassione. La vera liberazione avviene solo quando comprendiamo che l'amore non è una transazione, ma uno stato dell'essere. Amare senza aspettarsi nulla in cambio, senza il bisogno di vedere i frutti immediati dei nostri doni, è la vera prova della nostra fede nel potere trasformativo dell'amore. È una fede che trascende religioni e filosofie specifiche, una fede nella bontà fondamentale dell'universo e nella sua capacità di guarire e trasformare.

È questa fede nell'amore incondizionato che, in ultima analisi, ci salva. Ci salva dall'amarezza, dal risentimento, dal senso di solitudine. Ci salva da una vita vissuta in superficie, senza profondità né significato reale. È attraverso questa fede che troviamo non solo la felicità che cerchiamo, ma anche un senso di scopo e di connessione con qualcosa di più grande di noi stessi. Lo sappiamo intuitivamente quando diamo da mangiare a un uccellino o a un gatto randagio senza altro motivo se non quello di contemplarne la felicità.

Anche nei momenti più bui, quando il peso dell'esistenza sembra insopportabile, c'è sempre la possibilità di un cambiamento, di una nuova prospettiva che può alterare completamente la nostra percezione della realtà. Il mondo ce lo mostra in molti modi, la maggior parte dei quali sembra essere trascurata da persone perse nei propri ricordi. Pensaci: quando è stata l'ultima volta che hai annusato un fiore o sentito la sabbia bagnata dell'oceano sotto i tuoi piedi? Quando è stata l'ultima volta che ti sei seduto su una roccia in cima a una montagna e hai goduto della brezza sul tuo viso al tramonto?

Ero solito scalare montagne in Grecia e in Cina solo per la brezza. Gli altri non riuscivano a capirlo, quindi spesso rimanevo solo, ma ho capito che i piaceri più importanti della vita non possono essere condivisi con chi non è pronto a riceverli. I momenti più belli della vita sono quelli in cui senti l'amore arrivare a te attraverso una fonte inspiegabile di energia che si trova nella natura. Lo si può sentire quando si chiudono gli occhi e si ascoltano i suoni della natura che ci circonda. Allo stesso modo, la vera saggezza non sta nell'avere tutte le risposte, ma nell'essere aperti alle domande, nell'abbracciare il mistero dell'esistenza con curiosità e nel vivere pienamente ogni momento, riconoscendo la nostra connessione con il tutto.

La vera essenza della vita ci sfugge, nascosta tra le fessure della realtà che i nostri occhi limitati possono percepire. Ma in mezzo a questo vortice di caos, emerge una verità fondamentale, chiara e innegabile: il cammino della vita non può essere percorso senza amore. Questa percezione, per quanto semplice possa sembrare, ha una profondità e una complessità che sfidano la nostra comprensione razionale. Forse è per questo che il concetto di amore è così difficile da condividere equamente tra le persone. Le persone vogliono comprendere qualcosa di così divino come l'amore con le loro menti limitate.

Se potessi umanizzare questo concetto astratto, direi che amare è essere ciò che siamo nella nostra essenza più profonda. È permettere alla nostra vera natura di manifestarsi, libera dalle maschere e dai ruoli che la società ci impone. E lo so perché ogni volta che ho permesso a un bambino di esprimersi liberamente, ho visto che acquisiva uno scopo più elevato, più gioia e disponibilità a impegnarsi per ottenere buoni voti e risultati migliori nella vita. Il segreto non era costringere il bambino ad essere d'accordo con me, l'insegnante, ma aiutarlo a capire che era padrone dei propri risultati e in grado di determinarli con la propria mente.

La vera bellezza di guarire un bambino è che, quando gli dai la capacità di vedere oltre l'obbedienza alle regole e ai modelli, sceglierà naturalmente la strada giusta per sé stesso, crescerà e diventerà più saggio. Questo bambino, incarnando lo spirito di gioia e realizzazione, si sentirà spinto ad aiutare gli altri e a condividere ciò che sa. Questa è la vera bellezza dell'istruzione, che può trasformare un'anima e quella luce, una volta accesa, aiuterà altre anime a trovare la propria luce per amore, senza alcuna aspettativa, se non quella di vedere gli altri diventare migliori. È in contrasto con l'idea che l'istruzione debba portare le persone a competere tra loro e ad affrontare il processo di apprendimento come se camminassero sui carboni ardenti.

Capitolo 23: Il potere trasformativo dell'osservazione

La nostra comprensione degli altri è intrinsecamente legata alla nostra autocoscienza. Aiutando gli altri a percepire il loro io autentico, acceleriamo la nostra scoperta di noi stessi. La nostra immagine di noi stessi è un riflesso delle nostre scelte e di come trattiamo gli altri, e le nostre osservazioni sono relative ai significati che attribuiamo loro. Questa interazione modella sia la nostra realtà che la nostra identità. Gli atti più trasformativi sono quelli di fede nell'aiutare gli altri, una fonte segreta di magia, spesso confusa con la fortuna o la felicità spontanea da coloro che sono consumati dai propri bisogni. Anche le nostre parole hanno significato solo nel contesto.

Uno scrittore senza un pubblico è solo un pensatore solitario. La mia identità è intrecciata con la tua, e il significato e l'energia che investo in te mi definiscono. Anche se forse non ci incontreremo mai, l'energia nascosta sotto gli strati di parole è palpabile e trasforma entrambi. Il tuo apprezzamento per il mio lavoro modella la mia esistenza tanto quanto io modello la tua. Questa reciprocità è alla base della mia autenticità e influenza come scrittore, non solo come fornitore di conoscenza, ma come qualcuno che investe intenzionalmente e amorevolmente nel mio mestiere, come ho fatto in altre professioni di valore.

Mi piacerebbe che tutti, dai baristi ai tassisti, potessero vederlo. Spesso non riescono a vedere le connessioni più profonde che stabiliscono con le persone che servono, persi nelle loro routine e nella loro immagine di sé. Tuttavia, ho avuto conversazioni profonde con estranei che hanno dimostrato un interesse genuino nel conoscermi. In definitiva, l'amore e la trasformazione risiedono nella nostra capacità di vedere oltre la superficie, di connetterci con verità più profonde e di investire pienamente nella crescita e nel benessere degli altri. Attraverso questo amore e questa compassione, trasformiamo non solo noi stessi, ma anche il mondo che ci circonda.

Le nostre identità sociali e i nostri pensieri sono costruzioni effimere, significative solo in relazione all'osservatore. Coloro che non vedono nulla in me non ricevono nulla in cambio. Convalidare l'assurdo porta solo più assurdo nella nostra vita. Quando siamo depressi, persi o poveri, dovremmo prima mettere in discussione i nostri valori, cosa che raramente accade perché le persone sono troppo coinvolte nel proprio ego per vedere le proprie carenze. La soluzione sta spesso nella distanza dell'osservazione. Cosa non hai mai notato prima? Di che colore e forma è il fiore più vicino a te? Cosa puoi vedere dalla tua finestra che non avevi mai notato prima?

Pratica l'arte di contemplare la bellezza e trovare possibilità, e scoprirai più di quanto ti aspettassi. Interagisci con estranei amichevoli e non saprai mai cosa potrebbero dirti che potrebbe cambiare il corso della tua vita. È liberatorio quando qualcuno ti dice qualcosa che non vuoi sentire, perché ti libera dal peso di cercare di capirlo. Quando qualcuno pensa che io sia pazzo e fraintende ciò che scrivo, questo mi libera del tempo per trovare persone più interessanti con cui discutere in modo costruttivo. È così che ho perso degli amici e ho conosciuto imprenditori che mi hanno dato idee su come migliorare il mio lavoro e guadagnare di più.

Più sei spirituale, meno devi preoccuparti delle supposizioni o dei giudizi degli altri. Le opinioni, così come le religioni, non hanno alcun significato intrinseco, se non quello che noi attribuiamo loro. La maggior parte delle cose nel nostro mondo è sostenuta dalla fede, non dall'utilità. Se la mente umana fosse più obiettiva, le diverse culture cesserebbero di esistere, così come le divisioni, la necessità della religione, i passaporti e la giustificazione della guerra.

La vita non è solo una forza crudele che ci impone di sacrificare la nostra esistenza per un'identità illusoria; è anche un maestro saggio, anche se a volte incomprensibile, che ci guida attraverso l'esperienza verso una comprensione più profonda di noi stessi e dell'universo. L'amore, in questo contesto, non è solo un sentimento romantico, ma la forza fondamentale che ci permette di navigare in questa realtà complessa. Ci dà il coraggio di affrontare l'incertezza, di mettere in discussione le nostre percezioni e di cercare un significato più profondo, anche quando sembra non averne. Amare, essere ciò che siamo e vivere sono intrecciati in una danza complessa che modella la nostra esistenza e rivela che siamo ciò che creiamo. La verità sta in questa complessità, se riusciamo ad abbracciare la molteplicità delle espressioni come i colori in un paesaggio.

Ogni esperienza, ogni interazione e ogni parola scritta o letta ha un significato. Esiste l'amore, un amore universale che trascende la nostra comprensione limitata, ma che ci guida inesorabilmente nel nostro percorso di crescita e significato spirituale. Dobbiamo ricordare che siamo gli autori e i lettori delle nostre storie. Nella vasta estensione dell'esperienza umana, poche verità sono così pungenti e isolanti quanto la constatazione che la maggior parte dei nostri sforzi, anche quelli compiuti a beneficio degli altri, sono spesso accolti con indifferenza. Pertanto, facciamo di più per gli altri lavorando su noi stessi.

Capitolo 24: La saggezza della solitudine

Le persone spesso sottovalutano il valore della compassione e dell'altruismo perché sono consumate dalle proprie lotte e dai propri desideri. Questa indifferenza si estende alla letteratura, dove i lettori cercano soluzioni rapide a problemi che hanno richiesto anni per svilupparsi. Ho visto lo stesso fenomeno in varie religioni, dove i membri sanno molto meno delle loro stesse scritture di quanto affermano. Preferiscono i dogmi illusori che li collegano alla verità, di cui spesso si prendono gioco. È un aspetto curioso della vita il fatto che le persone ridicolizzino ciò che non capiscono, come se la loro ignoranza compensasse in qualche modo la loro mancanza di comprensione.

Scrivere di argomenti complessi che hanno un impatto su un vasto pubblico è una sfida, specialmente in un mondo guidato dalla ricchezza materiale. Spesso mi vengono poste domande sugli aspetti finanziari del mio lavoro, come se il valore dei miei sforzi potesse essere ridotto a un valore monetario. La verità è molto più semplice: molti libri semplicemente non vendono. Con 8 miliardi di persone su questo pianeta, molti non sono interessati alle verità più profonde. In effetti, le risposte migliori che ho trovato sono nascoste sotto strati di confusione, spesso nella traduzione di scritture molto antiche. Le persone ignorano queste verità perché presumono che ciò che non riescono a vedere non sia vero, e questo, di per sé, è arroganza. Ma dico la verità quando affermo che molte scritture e tradizioni antiche contengono tutte le informazioni necessarie. Il resto deriva da un processo alchemico di sofferenza che molti non riescono a comprendere e che spesso utilizzano per screditare la verità.

Non importa quanto lottiamo, accumuliamo sempre cicatrici e traumi, ma la vita è troppo breve per rimuginarci sopra. I libri accelerano il processo di guarigione, il che mi fa riflettere su quanto valore le persone attribuiscano a se stesse quando scelgono di non leggere libri che esistono da secoli e che possono essere letti gratuitamente. Cercano un medico quando stanno morendo, ma quasi mai leggono i libri che potrebbero renderli migliori, più sani e più in forma. La maggior parte del settore editoriale è orientata verso soluzioni rapide e opinioni che alimentano l'ego di molti. Ecco perché non è difficile scrivere un libro popolare, ma piuttosto un libro impopolare che abbia il potenziale per diventare redditizio. Ecco perché dovrei chiedere a un potere superiore perché i miei libri stanno vendendo così bene in questo momento, perché i risultati vanno oltre il dominio della logica sociale e della comprensione comune.

Le persone mi fanno molte domande sul denaro, ma lo considero banale e di natura molto bassa, perché il mio successo si basa sulla fede. Anche sul sacrificio, perché scrivere così tanti libri così rapidamente non è umanamente possibile. In effetti, questo pianeta si muove troppo lentamente per me. Ma per le masse, questo è il pianeta ideale perché sono già cerebralmente morte. Rinascono molte volte semplicemente perché non sono molto interessate a trascendere questa esistenza. Vivono felici e orgogliose come comuni animali da zoo, concentrate su cose mondane e banali come mangiare, fare sesso e dormire. Non riescono a concepire nulla al di là di questi piaceri mondani e semplici, tanto meno immaginare di vivere senza nessuno di essi.

Ho sacrificato il mio sonno per anni perché avevo molti lavori e, ironia della sorte, sono sopravvissuto a malapena e ho finito per guadagnare pochissimi soldi. Quindi, il destino ha preparato un altro ponte di fuoco per me, con il sacrificio del cibo e il sacrificio della solitudine. Non l'ho scelto volentieri, ma attraversarlo è stata una grande liberazione. Ci sono molte risposte che troviamo dall'altra parte dei ponti del sacrificio che le masse non sono interessate a imparare.

Forse questo è ciò che confonde di più le persone riguardo a me, il fatto che non mi sia mai piaciuto indossare maschere sociali. È una tendenza necessaria su questo pianeta che mi frustra profondamente e rallenta le mie capacità mentali e creative. La mente si muove troppo velocemente per la concettualizzazione mentale. Può essere necessario per proteggerci, ma non è l'ideale. Perché dovrei volere una soluzione ai problemi se, tanto per cominciare, non voglio i problemi? Se potessi tornare indietro nel tempo, probabilmente sceglierei una strada diversa. Ma sarei una persona diversa? Questa è una domanda fondamentale che tutti noi dobbiamo porci.

Sono stato cresciuto da genitori narcisisti in un ambiente molto povero e violento. L'unica cosa positiva che ne ho ricavato è stata imparare a meditare e isolarmi mentalmente dalla realtà che mi opprimeva. Un'educazione artistica era semplicemente fuori dalla mia portata. Ma ho sempre amato la musica, la pittura, la scultura e praticamente tutto il resto, fin da bambino. Non avevo autostima né tempo per scrivere, ma l'ho fatto per un sincero desiderio di condividere con il mondo, pensando che ci sarebbero volute generazioni prima che qualcuno ne capisse il valore. Quindi ho sentito una forza superiore che mi spingeva a farlo, senza altre opzioni. Le barche sono state bruciate quando sono arrivato nella terra della "libertà".

Dopo di che, ho lottato duramente contro il razzismo, la discriminazione, la depressione, la solitudine, la fame, il tradimento, i denti cariati e nessun dentista che potessi permettermi, oltre alle bollette da pagare. È stata una prova per la mia resistenza e la mia fede. Ma non avevo paura perché sapevo che finalmente ero sulla strada giusta.

Capitolo 25: La solitudine dell'illuminazione

Spesso mi trovo in disaccordo con il mondo, non per mia scelta, ma perché la mia prospettiva è fondamentalmente diversa da quella di una persona comune. Le interviste, ad esempio, sono impegnative; le domande che le persone mi fanno spesso mi sembrano banali e irrilevanti. Non si tratta di arroganza o mancanza di consapevolezza sociale, è semplicemente un modo diverso di vedere la realtà. Cercare di spiegare il mondo dal punto di vista di un falco a una scimmia è inutile; la scimmia chiederà solo delle banane, che non rientrano nemmeno nella prospettiva del falco.

Una volta, in Malesia, ho salvato una ragazza dall'attacco di una scimmia. La scimmia era aggressiva perché pensava che lei avesse una fragola nello zaino. Le persone sono molto simili a quella scimmia, lottano per illusioni e cercano risposte che non esistono. Il confine tra la scimmia e la persona comune è sottile, e questa è una triste verità, non un insulto.

La profondità dell'ignoranza nella società è profonda e inquietante. Le persone che sanno poco del mondo tendono ad essere le più polarizzate. In Europa, ad esempio, vengo spesso scambiato per un abitante del luogo o per qualcuno proveniente dal Nord Africa o dal Medio Oriente. Le persone vedono ciò che vogliono vedere, non ciò che esiste. Fanno supposizioni basate sulla loro conoscenza limitata, senza rendersi conto della propria ignoranza.

Negli Stati Uniti, le persone hanno detto che assomiglio a un nativo americano. Certo che sì; potrei essere messicano, e i messicani sono un mix di ascendenza spagnola e indigena. Gli Stati Uniti un tempo erano territorio messicano, quindi la somiglianza è naturale. Le persone fanno queste supposizioni senza capire la storia che c'è dietro. L'ipocrisia è incredibile.

I greci e gli spagnoli non mi amano perché pensano che io sia nordafricano, ma dalla loro costa possono vedere quella africana. Gli spagnoli del sud dicono che mi disprezzano perché pensano che io sia arabo, ma loro stessi hanno caratteristiche arabe. È un livello di ignoranza che sfida ogni credenza. Come è possibile non vedere il proprio riflesso allo specchio?

Lo stesso tipo di assurdità permea molti gruppi religiosi. Le persone spesso contraddicono le proprie convinzioni con le loro azioni, dimostrando di non sapere nulla. Sono cieche, ed è per questo che non ho rispetto per nessun gruppo religioso. Hanno tutti torto, ingannando se stessi con sciocchezze. E quando queste persone ci insultano, spesso stanno descrivendo se stesse. Non posso sentirmi offeso quando qualcuno mi definisce arrogante o psicopatico perché semplicemente ne so più di loro. Si arrabbiano perché ne so di più, ed è incredibile che qualcuno possa odiare un'altra persona solo per la sua conoscenza.

Vediamo le atrocità del passato come una manifestazione di ignoranza di massa e non ci rendiamo conto che le stesse caratteristiche persistono nel nostro mondo. Inoltre, ci sono molti individui disfunzionali che tengono seminari di auto-sviluppo e parlano in pubblico. Le masse sono troppo ignoranti per vedere oltre loro. Ma la cosa più sorprendente è quando formano grandi gruppi e sono orgogliosi del loro numero. Molti sciocchi non fanno la verità.

Ho trovato conforto nella verità in un modo che va oltre le parole. Quando sai, e sei assolutamente sicuro di sapere, trovi conforto nella solitudine. Condividere lo spazio con molti sciocchi ti deprime. È così che mi sono sentito negli ultimi anni, quando ho condiviso lo spazio con gruppi religiosi. Cercavo persone che la pensassero come me e mi sono reso conto di essere lontano anni luce da loro. Me lo hanno fatto capire con la loro mancanza di rispetto e la loro ignoranza. Ho dovuto imparare di nuovo che posso trovare la felicità più rapidamente da solo.

È difficile nuotare da soli nella piscina sul tetto di un hotel, o trascorrere del tempo da soli su una grande spiaggia deserta, nuotare da soli nell'oceano o, nella migliore delle ipotesi, trascorrere del tempo con gatti e uccelli invece che con le persone. Ma è meglio essere infelici in compagnia? Non mi piacciono gli europei perché rappresentano lo spettro più basso della coscienza spirituale. Non mi sorprende più il loro incessante e persino storico bisogno di distorcere qualsiasi insegnamento spirituale in base al loro basso livello di comprensione, spesso basato sul bisogno di punire e giudicare gli altri. Dire che ho sofferto perché avevo un karma negativo è stata probabilmente la cosa più sciocca che mi abbiano detto i buddisti in Europa. No, non ho sofferto perché avevo un karma negativo, ma perché avevo un karma positivo ed ero circondato da sciocchi, compresi loro. Questo karma positivo si è manifestato quando ho imparato ad amare me stesso, cosa che gli idioti del buddismo non mi hanno mai aiutato a trovare.

Nonostante la conoscenza e l'esperienza che ho accumulato, o i miei risultati e la vasta quantità di conoscenza che offro nei libri, vengo ancora definito cattivo, il che è piuttosto divertente. Questo mi ha fatto capire che le persone non cambiano mai. Noi cambiamo, loro no. Noi impariamo dalla loro ignoranza e loro rimangono gli stessi fino a quando non muoiono stupidi e rinascono stupidi. Ma gli spiriti subiscono un grande shock quando si rendono conto di aver vissuto un'intera vita nella menzogna e di averla sprecata. Gli spiriti sono costretti a reincarnarsi perché si sentono malissimo. Ma tornano con gli stessi istinti. Solo il contesto può costringerli a cambiare, quindi non mi piace aiutare le persone egoiste.

Capitolo 26: Il sentiero illuminato

Non c'è povertà più grande di una mente egoista e priva di compassione per gli altri. Come dico sempre, se insulti uno scrittore, non meriti la conoscenza che ti offre. E se rifiuti l'ospitalità di base - un letto dove dormire, una tazza di caffè o un pezzo di pane - non meriterai le ricchezze che derivano dal legame umano. La carità e la gratitudine nascono nel cuore. Ho più rispetto per coloro che offrono un sorriso sincero o una parola gentile, perché questi gesti non costano nulla eppure significano tutto.

Gli animali possiedono una saggezza unica che manca a molti esseri umani, semplicemente perché sono più in sintonia con lo spettro più ampio di luce in cui prende forma il mondo spirituale. In Grecia ero sempre circondato da gatti. Mi seguivano, mi facevano visita e un gatto selvatico in particolare è diventato il mio terapeuta, invitandomi sempre a passare del tempo con lui. Ironia della sorte, il mio vicino era uno scrittore francese che cercavo di evitare. Era orgoglioso di aver scritto 50 libri nella sua vita e aveva 74 anni. Non ho mai rivelato il numero di libri che avevo scritto, non dopo che lui si era vantato di non essere uno scrittore come me perché era famoso. Potevo sentire l'infelicità nella sua voce, il risentimento e il razzismo, e potevo percepire la sua vicinanza alla morte. Quello era un uomo incapace di imparare qualcosa di nuovo, troppo consumato dall'odio per trovare la pace prima della sua fine.

Gli esseri umani di solito preferiscono le favole su se stessi o, nella migliore delle ipotesi, la finzione. Questo pianeta ha un modo di imprigionarci, anche quando ne siamo consapevoli. Questi paradigmi sono universali, ma stanno diventando sempre più predominanti. Le persone parlano con assoluta convinzione di sciocchezze e concordano con le stesse falsità. Ora abbiamo più conoscenza, ma la maggior parte delle persone passa la vita senza risolvere i propri debiti karmici, il che le riporterà a scenari peggiori. Ci sarà più povertà e scarsità nel mondo, e la maggior parte delle anime tornerà in ambienti dove queste condizioni le costringeranno a imparare le lezioni di cui hanno bisogno.

Forse un mondo più profondo e inferiore o uno stato animale sarà il prossimo per loro. So per certo che quando qualcuno è ossessionato dalla stupidità, è lontano dalla verità. Ma è difficile criticare coloro che plagiano o semplicemente ripetono ciò che qualcun altro ha detto. Posso dire lo stesso di molti guru indù. Le persone non leggono le scritture indù, quindi mi chiedono cosa penso dei famosi guru indiani. Penso che se capisci ciò che leggi, devi dire qualcosa di vero. In realtà, la mia critica più grande alle religioni occidentali è la loro difficoltà di apprendimento.

Ho lavorato con bambini con difficoltà di apprendimento per molti anni e, in seguito, ho scoperto che gli adulti reagiscono in modo aggressivo nei miei confronti quando cerco di educarli, specialmente nei gruppi religiosi. È impressionante vedere una persona di 70 anni che mi attacca perché vuole credere alle proprie falsità. Non rispondo nemmeno a queste persone perché penso che la punizione migliore sia lasciarle credere di avere ragione fino alla morte. Se volete sradicare rapidamente tutte le religioni dalla Terra, basta costringere i loro membri a cercare i significati in un dizionario e capire le assurdità che ne derivano.

Ogni oscurità viene dissipata dalla luce della ragione e, in mezzo a tanta ignoranza, nulla taglia così profondamente e facilmente come la consapevolezza del significato delle parole che interpretiamo e applichiamo erroneamente agli altri. Distruggi l'ego, il dogma e l'autostima, invalidandoli in un colpo solo, ed è per questo che preferiscono espellerti piuttosto che cambiare se stessi. Purtroppo, è così che funziona gran parte dell'umanità, ed è per questo che l'assurdità e l'oscurità trionfano nel mondo, e i più illuminati si trovano isolati nelle loro realizzazioni.

Tuttavia, c'è un tipo speciale di gioia nell'avere un'intera spiaggia o la cima di una montagna tutta per te che non può essere descritta a parole. Il cielo può essere un luogo isolato, ma c'è una bellezza in esso che non troverai all'inferno, non importa quante anime vi incontrerai. C'è una profonda sensazione di pace e chiarezza in questa solitudine. La solitudine permette una riflessione più profonda e una connessione con il mondo naturale che spesso si perde nel rumore dell'interazione umana.

La saggezza che deriva da questa solitudine non è quella della solitudine, ma quella di una comprensione più profonda di sé e dell'universo. È uno stato dell'essere che trascende il mondano e permette un vero apprezzamento della bellezza e della complessità dell'esistenza. Questo è il conforto dell'illuminato, un luogo dove la mente può espandersi e lo spirito può elevarsi, libero dalle preoccupazioni meschine e dall'ignoranza del mondo.

Glossario dei termini

La Stella (carta dei Tarocchi): Una carta dei Tarocchi che simboleggia la speranza, il rinnovamento e un senso di direzione dopo un periodo di turbolenza o cambiamento. Rappresenta il potenziale di crescita e trasformazione.

La Torre (carta dei Tarocchi): Una carta dei Tarocchi che significa cambiamento improvviso, agitazione o una rottura significativa nella vita di una persona. Rappresenta la distruzione di vecchi schemi o strutture per far posto a nuovi inizi.

Autoinganno: l'atto di ingannare se stessi, solitamente per evitare di affrontare verità o emozioni scomode. L'autore discute l'importanza di confrontarsi con l'autoinganno per raggiungere la crescita personale.

Karma: principio spirituale di causa ed effetto in cui le azioni di un individuo (causa) influenzano il suo futuro (effetto). L'autore discute l'importanza di comprendere e adempiere alle lezioni karmiche.

Cartomanzia: pratica divinatoria che utilizza un mazzo di carte, solitamente tarocchi. Viene utilizzata per ottenere informazioni sulla vita e sul futuro di una persona attraverso l'interpretazione del simbolismo delle carte.

Credenze deliranti: credenze false o irrealistiche mantenute nonostante le prove contrarie. Queste credenze possono essere fonte di conforto, ma possono anche portare a infelicità e stagnazione.

Empatia: la capacità di comprendere e condividere i sentimenti di un'altra persona. È una componente chiave del comportamento altruistico ed essenziale per costruire relazioni significative.

Illusione della vita: la convinzione che la vita debba seguire una progressione lineare e che il successo sia misurato dai risultati esterni. L'autore sostiene che la vera realizzazione viene dall'interno e non dipende dalla convalida esterna.

Impulso altruistico: un forte desiderio di aiutare gli altri senza aspettarsi nulla in cambio. È motivato dall'empatia e da una sincera preoccupazione per il benessere degli altri.

Inconscio: la parte della mente che non viene percepita o controllata consapevolmente. Contiene pensieri, sentimenti e ricordi che influenzano il comportamento e le emozioni.

Percorso spirituale: il processo di ricerca della crescita personale, dell'illuminazione e di una comprensione più profonda dello scopo della vita. Di solito comporta introspezione, meditazione ed esplorazione di pratiche spirituali.

Leggi divine: Principi o regole universali che governano il regno spirituale e guidano gli individui verso uno scopo più elevato. Comprendere e seguire queste leggi può portare alla crescita e alla realizzazione personale.

Mentalità della scarsità: mentalità caratterizzata dalla convinzione che non ci sia abbastanza di qualcosa per tutti, che porta a sentimenti di ansia e competizione. L'autore contrappone questa mentalità alla mentalità dell'abbondanza.

Mente mediocre: Termine usato per descrivere individui che si accontentano della mediocrità e resistono al cambiamento o alla crescita. Di solito resistono alle critiche e si aggrappano a valori e credenze obsolete.

Narcisismo: un tratto della personalità caratterizzato da un senso gonfiato di autoimportanza, un profondo bisogno di ammirazione e una mancanza di empatia verso gli altri. L'autore discute gli effetti dannosi del narcisismo sulle relazioni e sulla società.

Il Diavolo (carta dei Tarocchi): una carta dei Tarocchi che rappresenta gli attaccamenti materiali, le tentazioni e la sensazione di essere intrappolati o limitati dalle circostanze. È spesso associata a influenze negative e alla necessità di trasformazione.

Pensiero positivo: un atteggiamento mentale che si concentra sul lato positivo della vita e si aspetta risultati positivi. L'autore critica l'enfasi eccessiva sul pensiero positivo come mezzo per evitare il confronto e la realtà.

Realtà parallele: l'idea che esistano diverse versioni della realtà o dell'esistenza. L'autore usa questa idea per esplorare diversi percorsi e possibilità di vita.

Saggezza: la capacità di pensare e agire con conoscenza, esperienza, comprensione, buon senso e discernimento, soprattutto in modo da aiutare la persona a formulare giudizi corretti e a vivere una vita piena.

Trasformazione: il processo di cambiamento o evoluzione, solitamente profondo o significativo. L'autore discute l'importanza della trasformazione personale per la crescita e la realizzazione.

Riferimenti

Johnson, L. (2019). Understanding Narcissism in Contemporary Society [Comprendere il narcisismo nella società contemporanea]. Social Science Quarterly, 45(2), 189-200.

Jung, C. G. (1959). The Archetypes and the Collective Unconscious [Gli archetipi e l'inconscio collettivo]. Princeton University Press.

Nietzsche, F. (1883). Così parlò Zarathustra. Penguin Classics.

Seneca, L. A. (2014). Letters of a Stoic [Lettere di uno stoico]. Penguin Classics.

Smith, J. (2020). The Impact of Positive Thinking on Mental Health [L'impatto del pensiero positivo sulla salute mentale]. Journal of Psychology, 50(3), 234-245.

Richiesta di recensione di un libro

Caro lettore,

grazie per aver acquistato questo libro! Mi piacerebbe molto conoscere la tua opinione. Scrivere una recensione aiuta a capire i lettori e influenza anche le decisioni di acquisto di altri lettori. La tua opinione è importante. Per favore, scrivi una recensione sul libro! La tua gentilezza è molto apprezzata!

L'autore

Dan Desmarques è un autore di fama mondiale e un leader rivoluzionario del pensiero trasformazionale, le cui profonde opere sulla crescita personale, la spiritualità e il successo hanno dato vita a un movimento mondiale, consentendo a milioni di persone di superare i propri limiti e abbracciare il loro massimo potenziale. Con un prolifico catalogo di oltre 100 libri pubblicati, tra cui 34 best seller di Amazon, otto dei quali hanno conquistato l'ambito primo posto nelle loro categorie, Desmarques combina magistralmente la saggezza antica con intuizioni psicologiche ed esoteriche all'avanguardia. Offre una chiarezza senza pari e strategie pratiche per affrontare le sfide più profonde della vita, dal dominare il potere del subconscio al sezionare complesse dinamiche karmiche.

Famoso per il suo caratteristico stile colloquiale, Desmarques scrive con una sincerità cruda e magnetica, infusa di un'urgenza compassionevole che sembra condividere segreti profondi mentre si prende un caffè con un amico di lunga data. I lettori trovano sempre i suoi libri in momenti cruciali della loro vita, salutandoli come catalizzatori che trasformano la vita, smantellano i blocchi mentali, accendono un coraggio incrollabile e aprono la strada all'abbondanza. I suoi insegnamenti sono un potente invito all'azione, che sfida i lettori a mettere in discussione lo status quo, a coltivare una fiducia radicale in se stessi e ad entrare con coraggio nel proprio potere autentico.

Vero erudito e viaggiatore mondiale, Desmarques parla correntemente diverse lingue e trae ispirazione da un ricco mosaico di esperienze globali e prospettive interculturali, assicurando che il suo messaggio risuoni universalmente. Il suo vasto catalogo, ora tradotto in sette lingue e disponibile in oltre 240.000 negozi e biblioteche in tutto il mondo, ha provocato profondi cambiamenti in un pubblico eterogeneo, dagli aspiranti imprenditori alla ricerca della padronanza della mentalità ai ricercatori esoterici che esplorano misteri più profondi. Come educatore, consulente e voce pluripremiata nello sviluppo personale, Dan Desmarques continua a definire l'evoluzione del potenziale umano, combinando verità filosofiche senza tempo con strumenti moderni per guidare l'umanità verso un risveglio collettivo.

Scritto anche dall'autore

1. 66 Days to Change Your Life: 12 Steps to Effortlessly Remove Mental Blocks, Reprogram Your Brain and Become a Money Magnet
2. A New Way of Being: How to Rewire Your Brain and Take Control of Your Life
3. Abnormal: How to Train Yourself to Think Differently and Permanently Overcome Evil Thoughts
4. Alignment: The Process of Transmutation Within the Mechanics of Life
5. Audacity: How to Make Fast and Efficient Decisions in Any Situation
6. Beyond Belief: Discovering Sacred Moments in Everyday Life
7. Beyond Illusions: Discovering Your True Nature
8. Beyond Self-Doubt: Unleashing Boundless Confidence

for Extraordinary Living

9. Breaking Free from Samsara: Achieving Spiritual Liberation and Inner Peace

10. Breakthrough: Embracing Your True Potential in a Changing World

11. Christ Cult Codex: The Untold Secrets of the Abrahamic Religions and the Cult of Jesus

12. Codex Illuminatus: Quotes & Sayings of Dan Desmarques

13. Collective Consciousness: How to Transcend Mass Consciousness and Become One With the Universe

14. Creativity: Everything You Always Wanted to Know About How to Use Your Imagination to Create Original Art That People Admire

15. Deception: When Everything You Know about God is Wrong

16. Dehumanization: How We Lose Our Way to Cruelty

17. Demigod: What Happens When You Transcend The Human Nature?

18. Design Your Dream Life: A Guide to Living Purposefully

19. Discernment: How Do Your Emotions Affect Moral Decision-Making?

20. Eclipsing Mediocrity: How to Unveil Hidden Realities and Master Life's Challenges

21. Energy Vampires: How to Identify and Protect Yourself

22. Fearless: Powerful Ways to Get Abundance Flowing into Your Life

23. Feel, Think and Grow Rich: 4 Elements to Attract Success in Life

24. Find More with Less: Uncluttering Your Mind, Body, and Soul

25. Find Your Flow: How to Get Wisdom and Knowledge from God

26. Forbidden Knowledge: Uncovering the Secrets of Ancient Civilizations and Alien Intervention

27. Hacking the Universe: The Revolutionary Way to Achieve Your Dreams and Unleash Your True Power

28. Holistic Psychology: 77 Secrets about the Mind That They Don't Want You to Know

29. How to Change the World: The Path of Global Ascension Through Consciousness

30. How to Get Lucky: How to Change Your Mind and Get Anything in Life

31. How to Improve Your Self-Esteem: 34 Essential Life

Lessons Everyone Should Learn to Find Genuine Happiness

32. How to Spot and Stop Manipulators: Protecting Yourself and Reclaiming Your Life
33. How to Study and Understand Anything: Discovering The Secrets of the Greatest Geniuses in History
34. Intuition: 5 Keys to Awaken Your Third Eye and Expand Spiritual Perception
35. Karma Mastery: Transforming Life's Lessons into Conscious Creations
36. Legacy: How to Build a Life Worth Remembering
37. Master Your Emotions: The Art of Intentional Living
38. Mastering Alchemy: The Key to Success and Spiritual Growth
39. Metamorphosis: 16 Catalysts for Unconventional Growth and Transformation
40. Metanoia Mechanics: The Secret Science of Profound Mental Shifts
41. Mind Over Madness: Strategies for Thriving Amidst Chaos
42. Mindshift: Aligning Your Thoughts for a Better Life

43. Money Matters: A Holistic Approach to Building Financial Freedom and Well-Being

44. Now: Crushing Procrastination and Skyrocketing Productivity

45. Oneness: The Divine Path from Trauma to Unity

46. Quantum Leap: Unleashing Your Infinite Potential

47. Raise Your Frequency: Aligning with Higher Consciousness

48. Religious Leadership: The 8 Rules Behind Successful Congregations

49. Reset: How to Observe Life Through the Hidden Dimensions of Reality and Change Your Destiny

50. Resilience: The Art of Confronting Reality Against the Odds

51. Revelation: The War Between Wisdom and Human Perception

52. Shameless: Defying Negativity

53. Spiritual Anarchist: Breaking the Chains of Consensual Delusion

54. Spiritual DNA: Bridging Science and Spirituality to Live Your Best Life

55. Spiritual Warfare: What You Need to Know About Overcoming Adversity

56. Starseed: Secret Teachings about Heaven and the Future of Humanity

57. Stupid People: Identifying, Analyzing and Overcoming Their Toxic Influence

58. Technocracy: The New World Order of the Illuminati and The Battle Between Good and Evil

59. The 10 Laws of Transmutation: The Multidimensional Power of Your Subconscious Mind

60. The 14 Karmic Laws of Love: How to Develop a Healthy and Conscious Relationship With Your Soulmate

61. The 33 Laws of Persistence: How to Overcome Obstacles and Upgrade Your Mindset for Success

62. The 36 Laws of Happiness: How to Solve Urgent Problems and Create a Better Future

63. The Alchemy of Truth: Embracing Change and Transcending Time

64. The Altruistic Edge: Succeeding by Putting Others First

65. The Anatomy of Cruelty: The darkest things people do and why they do them

66. The Antagonists: What Makes a Successful Person

Different?

67. The Antichrist: The Grand Plan of Total Global Enslavement

68. The Art of Letting Go: Embracing Uncertainty and Living a Fulfilling Life

69. The Awakening: How to Turn Darkness Into Light and Ascend to Higher Dimensions of Existence

70. The Dark Side of Progress: Navigating the Pitfalls of Technology and Society

71. The Egyptian Mysteries: Essential Hermetic Teachings for a Complete Spiritual Reformation

72. The Empty Cup: A Zen Guide to the True Self

73. The Evil Within: The Spiritual Battle in Your Mind Deception: When Everything You Know about God is Wrong

74. The Game of Life and How to Play It: How to Get Anything You Want in Life

75. The Hidden Language of God: How to Find a Balance Between Freedom and Responsibility

76. The Mosaic of Destiny: Deciphering the Patterns of Your Life

77. The Most Powerful Quotes: 400 Motivational Quotes

and Sayings

78. The Multidimensional Nature of Reality: Transcending the Limits of the Human Mind

79. The Narcissist's Secret: Why They Hate You (and What to Do About It)

80. The Primal Temple: Mastering the Five Elemental Powers.

81. The Scapegoat's Redemption: Breaking Free from Toxic Paradigms

82. The Secret Beliefs of The Illuminati: The Complete Truth About Manifesting Money Using The Law of Attraction That is Being Hidden From You

83. The Secret Empire: The Hidden Truth Behind the Power Elite and the Knights of the New World Order

84. The Secret Science of the Soul: How to Transcend Common Sense and Get What You Really Want From Life

85. The Seventh Cycle: Finding Light in the Shadows.

86. The Spiritual Laws of Money: The 31 Best-kept Secrets to Life-long Abundance

87. The Spiritual Mechanics of Love: Secrets They Don't Want You to Know about Understanding and Processing

99. Why Do Good People Suffer? Uncovering the Hidden Dynamics of Human Nature

100. Your Full Potential: How to Overcome Fear and Solve Any Problem

101. Your Soul Purpose: Reincarnation and the Spectrum of Consciousness in Human Evolution

Informazioni sull'editore

Questo libro è stato pubblicato dalla 22 Lions Publishing. Per consultare il nostro catalogo o inviare il tuo manoscritto per una valutazione, visita il sito: www.22Lions.com

www.ingramcontent.com/pod-product-compliance
Lightning Source LLC
LaVergne TN
LVHW051025051026
849532LV00004BA/1384
9798295648861